# CERDDI
# R. GWILYM HUGHES

# CERDDI

R. Gwilym Hughes

GWASG PANTYCELYN

Dymuna'r cyhoeddwyr gydnabod cymorth
Adrannau'r Cyngor Llyfrau Cymraeg.

ISBN 1 874786 25 9

Cyhoeddwyd ac argraffwyd gan Wasg Pantycelyn, Caernarfon

# CYNNWYS

# DIOLCHIADAU

Diolch am ganiatâd perchnogion yr hawlfraint i gyhoeddi rhai o'r cerddi:

Awdl Cadair Eisteddfod Môn, 1952.

Pryddest y Goron, Eisteddfod Môn, 1956.

Stainer & Bell, Llundain, am hawl i gyhoeddi cyfieithiadau o 'Lord of the Dance' a 'No use knocking at the door, sir', o waith Sydney Carter.

William Elkin Music Services, Norwich, am hawl i gyhoeddi'r cyfieithiad o 'Thanks be to God' (P. J. O'Reilly).

Hope Publishing Company, Illinois, am hawl i gyhoeddi'r cyfieithiad o 'Great Is Thy Faithfulness' (T. O. Chisholm).

Diolchaf yn gynnes hefyd i Wasg Pantycelyn am eu gwaith crefftus ar y gyfrol, yn ôl eu harfer.

*R.G.H.*

Cyflwynaf y gyfrol hon
i'm gwraig, a'n plant a'n hŵyrion,
yn arwydd o'm dyled iddynt.

R.G.H.

# WILLIAM JONES Y STEMAR BACH CAERNARFON

Sawl gwaith y croesodd nid oes neb a ŵyr,
  Drwy'r maith flynyddoedd rhwng Y Foel a'r Dre,
Gan lywio'i gwch o fore hyd yr hwyr,
  Ddrycin a hindda, a'i rwymo wrth y lle
A bennai trai a llanw; ambell dro
  Yn rowndio tipyn ar y traeth ar drai,
Bryd arall pan fai'n llanw gwelid o
  Yn torri llwybyr union mwy neu lai.
Afraid in wrtho bellach, meddant hwy,
  Ni bydd dim galw am ei gwch ychwaith,
Ac ar y Cei y bydd yr henwr mwy
  Yn disgwyl gwŷs i ddiddychwelyd daith.
Yr henwr ffyddlon, wedi y delo'i ddydd
Bydded mai croesi heb ddim rowndio y bydd.

# O'R GELL

Tyrd allan bellach o'th fynachaidd gell,
  A gad o'r neilltu Athanasiws hen,
Tra pery'r gwaed yn gynnes, llawer gwell
  Yw'r cyffroadau sy'n ei gwg a'i gwên
Na llên diwinydd doeth; cael dy gyffroi
  Gan fynwes donnog, fwyth dy ddewis ferch,
A theimlo bod y byd i gyd yn troi
  Ar ei echelydd er hwylustod serch.
A phan ddaw'r dydd y byddo oer dy waed,
  Pryd ni'th gyffroir mwy gan fynwes lefn
Yr un a geri, ti gei droi dy draed
  Yn ôl at Athanasiws hen drachefn:
Bydd dda it wrtho wedi y delo dydd
Arafwch henaint a'i gysgodion prudd.

# LLESTRI

Rhyw ddydd, fy machgen gwyn, hon fydd dy stad,
  Tipyn o ddodrefn a hen gelfi'r tŷ,
A chant a mil o drugareddau rhad
  O Faes Caernarfon ar Sadyrnau a fu:
Ac erbyn hynny ni bydd ofid im
  Os ant ar unwaith rhwng y cŵn a'r brain,—
Os cedwi di lestri dy fam er dim.
  'Roedd ganddi feddwl garw iawn o'r rhain.
Anwyla hwy bob un fin nos pan ddaw
  Pyliau o hiraeth, fel ar drothwy mis
Hiraethus yr anwylai hi'n ei llaw
  Gwpan ei Chymun oedd uwchlaw pob pris:
Dy hiraeth a'th ddiolchus gof, pwy ŵyr
Na thront i tithau'n Sacrament fin hwyr?

## COED Y BORTH

Clywsoch ar lannau Menai amod brau
  Cariadon gyda'u dig a'u cymod chwim,
Yr oriog nwyd, y syrffed a'r tristau,
  A gwyddoch bopeth heb ddywedyd dim;
Megis pan fyddo doeth y ffugia gŵr
  Na wêl gariadon ar na sedd na ffos,
Fe'ch gwelais chwithau'n syllu dros y dŵr,—
  Ni allech weld cyn belled yn y nos.
Ond dydd a ddaw y rhwygir pob rhyw len
  A guddia ienctid gwŷr sy'n sad a doeth,
Pan ddêl rhith diniweidrwydd oll i ben
  A'n cael heb gelu dim gerbron yn noeth:
A'r dwthwn anfad hwnnw cadwer ni
Rhag eich diarbed ddatguddiadau chwi.

## 'RHEN EWYRTH

'Roedd rhyngom er ys talm ryw fil a mwy
  O ddarpariadau, amal ddiddan awr
A arfacthasom, ond ni ddaethant hwy,
  Ac aeth ein cestyll oll yn un â'r llawr.
Cans heb ei disgwyl daeth yr alwad sydd
  Yn tynnu dynion adre ers cyn co',
Dychrynllyd alwad angau ar ni bydd
  A faidd ei gwrthod wedi y dêl ei dro.
Aethost heb inni gaffael siglo llaw,
  Aethost ar arwaf ddi-ddychwelyd daith,
Ar ganol ymgom, ac ni wn a ddaw
  Cyfle i orffen hynny o ymgom chwaith:
A gadael i'th hen ffrindiau atgo brau,
I minnau ddolur sydd yn gwrthod cau.

# Y DAFARN GOCH

Fe faged Gronwy rhwng dy furiau clyd
  A chaed efô'n ymdwymo wrth dy dân;
Ti a roi gysgod rhag oerwyntoedd byd
  I'r hogyn syn â'i wallt o liw y frân.
Trwy wydrau dy ffenestri y canfu hwn
  Y cryndod, er ei syndod, sy'n y sêr;
Gan ryw ddyhead hŷn na'r cread crwn
  Yn hedd dy nos y dysgai ganu'n bêr.
Ac am a roddaist ti i'r prydydd tlawd
  A oedd mor ddieithr gynt tu faes i'w fro,
A ganai gywydd ar adfydus rawd,
  Tithau a gei o'i anfarwoldeb o:
Am roddi iddo gysgod, oes a fu,
'Rwyt ti yn byw yng nghysgod Gronwy Ddu.

# *CYFRES O SONEDAU*

## GORONWY'R ALLTUD

Hwn ydyw'r dwthwn yr arafa stŵr
F'adwythig einioes, canys ebrwydd daw
Rhywun i'm cludo adref dros y dŵr
I fwrw 'mlinder yn y tir sy draw;
Ni ddywed neb 'Claf ydwyf' yn y tir
Lle bydd fy nghrigfan i, na chwyno chwaith,
Na thorri calon mwy gan hiraeth dir
Pan ddêl yr awr i orffwys wedi taith.
Ond cyn eu dod, hebryngwyr dinacâd,
I'm cludo dros y dŵr, Oronwy Ddu,
Cysgodion yr hen ffrindiau gynt a gad
Sydd yma i eilfyw â mi'r daith a fu
A throeon fy alltudiaeth, dowch yn glau
Cans clywaf sŵn y rhwyfo yn nesau.

Ar draws holl eangderau'r môr a'm cly
Yma'n garcharor, o'r ddyhirwlad hon
Yn ôl i'r Dafarn Goch fy hiraeth ffy,
Nis atal gwyntoedd ac nis lluddias ton.
Fe grwydra yma ac acw hyd Ros Fawr,
I Bentre Eiriannell ac i greigiog draeth,
I fro fy ienctid lle'r oedd gwrid i'm gwawr,
Lle'r oedd fy nydd yn loyw a'm ffrindiau'n ffraeth.
Ond yno bellach pan fo nos yn hir
I'r henwyr o Ros Fawr, a'u dyfod hwy
Ynghyd i aros beunos uwch eu bir,
Tybed a geffid un ohonynt mwy,
Pan foddo'r sgwrs gymhelri'r gwynt a'i roch,
Sy'n cofio enw Ronw'r Dafarn Goch?

Mi fûm yn syfrdan glertian ar y glwyd
O flaen y Dafarn Goch, a syllu ymhell
Ar enfys draw a hudai lencyn llwyd
I eitha'i bwa lle'r oedd Gwynfa well:
Dyfod y dydd a myned ar fy nhrafael
Ar lwybr hudoliaeth enfys gain ei llun,
Drwy fynych siom a blinder ceisio gafael
Ar ryw baradwys bell o'm bro fy hun.
Trwy gur yn rhywyr y canfum mai rhith
Bwa'r addewid a'i hudoliaeth o:
Cefnaswn ar y wynfa oedd ymhlith
Hen ffrindiau mebyd fy nghynefin fro.
Pellaf yr awn o Lanfair, gan lesgáu
Mwyaf yr oedd fy ngwynfa yn pellau.

Cefnais ar fannau a oedd wrth fy modd,
Llanfair Mathafarn a hen dŷ fy nhad,
A'u ffeirio am yr ysgol ddreng lle ffodd
Yn sŵn estroniaith hyder llanc o'r wlad.
Dysgais ym Mangor Fawr ryw ieithoedd mud,
Gan holi'n fynych beth i lanc a dâl
Rhyfedd wybodaeth am dreuliedig fyd
Milwriaeth Cesar a rhaniadau Gâl.
Ond weithiau ffown pan gilagorai'r ddôr
Ar ambell ddydd o haf is haul prynhawn:
Ofnus y sleifiwn tua glan y môr
A chip ar draws y dŵr a ladratawn.
Â mi'n hiraethus, gwelwn Fôn drwy darth
Yn galw Gronw adre dros y Garth.

Yn nyddiau fy llencyndod cerais i
Eglwys fy nhadau a'i bendigaid dras:
Amgylchais hon a rhifo'i thyrau hi
A blysio'r dydd y'm ceffid iddi'n was.
Cans ganddi hi y gwelais Lamp y Ffydd
A wanodd drwy dywyllwch llawer oes,
A'r hen offeiriad imi'n rhannu'n rhydd
Y Grawnwin pêr a dyf ar Bren y Groes.
Nacawyd hynny im. Ni roddwn weniaith
I'r Esgyb Eingl a roddai bob rhyw sen
I neb fel fi a wybu garu'r heniaith
A godidowgrwydd fy hen Walia wen.
Gwrthododd hi fy llaw, a'm gyrru i ffwrdd
Rhag imi dorri Bara wrth ei bwrdd.

Am nad oedd le i mi drwy Gymru oll,
Myfi a geisiai i'm gwlad bob rhyw ddaioni,
Myned yn alltud megis gŵr ar goll
I Loegr at wŷr heb fwynder na haelioni.
Truan yn wir fy hiraeth, trwm fy nghur
Yno â daear estron dan fy nhraed,
Yn cael fy mara wrth dorri'r Bara i wŷr
Ag ansyberwyd oesoedd yn eu gwaed.
Cefnu fu raid, ond wrth ymado â'r giwed
Ni elwais arnynt ddychryniadau Barn,
Rhag digwydd yn eu dinistr unrhyw niwed
I feddrod Elin olau, lle'r oedd darn
O'm henaid truan. Cwr o Gymru mwy
Ei bedd, ys gwir, o fewn eu rhandir hwy.

Yna â mi'n ddigartref, daeth i'm co'
Hen gymrodoriaeth Awen wrth y tân
Mewn tefyrn clyd, lle cefais lawer tro
Ddirfawr diriondeb gynt er mwyn fy nghân.
Buan y treiglai'r oriau yn sŵn fy nghywydd
Newydd anedig, a phan ddeuai sôn
Am gastiau Ffair y Llan, neu ddilyn trywydd
Rhyw hen ymadrodd oedd ar lafar Môn.
Ond bellach lle bu croeso ar fy nhaith
Aethai fy ngherdd yn ddiflas, minnau'n fwrn,
Englyn na chywydd nid enillent chwaith
Un sofren felen bellach yn gildwrn.
Gelod oedd Gronw Ddu a'i deulu diles,
A brag, sibrydent, oedd fy sawdl Achiles.

Oedd ddir, fy ngwlad, fy nghael fy hun ar herw,
A throi fy nghefn ar d'angharedig ddôr,
Gadael f'anwyliaid yn dy dawel erw
A mentro siawns yr alltud dros y môr.
Henwlad fy serch, paham y buost glaear?
O'r holl aneirif genedlaethau a fu
Sy heddiw â'u llwch yn un â llwch dy ddaear,
A'th garodd neb yn well na Gronw Ddu?
Darllenwn gynt am un a greodd geinder
Glesni dy ddolydd di a'th lwyni dâr,
A afradlonodd ar dy wedd fireinder,
Fod Hwnnw yn ceryddu'r neb a gâr;
Gymru, ai praw o'th gariad oedd dy gerydd
A'm gyrrodd yma'n alltud dros Iwerydd?

Hiliogaeth lladron sydd o'm cylch yn cau,
Ym mro Virginia, sgarthion ŷnt i gyd,
A minnau'n ddigymdeithas yn y bau
Y deuthum iddi gynt i wella 'myd.
'Does yma neb fu'n sengi'r wlad lle'm ganed
Na neb a ŵyr am Gymru a Dewi Sant,
Ac ar fy aelwyd innau, gwae 'nhruaned,
Estron yr iaith sydd ar wefusau 'mhlant.
Llyfrau yr heniaith oedd ddiddanwch im
Yng ngwyliadwriaeth nos, pwy sydd a ddêl
O'r plant a fegais i'w hanwylo ddim?
Eu godidowgrwydd ni bydd un a'i gwêl.
Er pob cyfaredd rhyfedd sy'n y rhain,
Ebrwydd yr ant cydrhwng y cŵn a'r brain.

Wyf unig. Pan ddiflasais ar y glêr
A oedd mor fawr eu trwst, rigymwyr mân,
Llwyr y gwirionwn ar yr Awen bêr
Yn nydd myfyrdod pan enynnai'r tân;
Megis y daw i feichiog fod yn llawen
Pan ddarffo'r esgor wedi'r hir ddyheu,
I minnau deuai pan gynhyrfai'r Awen
Yr iasau hyfryd oerion wedi'r creu.
Os deuai'r Awen pan oedd well fy myd,
Pan ddygai fy mlynyddoedd imi hoen,
Paham y cefnodd fel fy ffrindiau i gyd
Â minnau'n gorwedd yn fy nirfawr boen?
Ym mro Virginia mae ei phrydydd blin
Yn oer ddihoeni heb ei rhyfedd rin.

Wyf bell o'm bro. A pha ryw ddu ddemoniaid
A'm cadwodd cŷd heb olwg ar ei gwedd,
Na chael efallai ei chroeso i afradloniaid
Edifar a ddychwelo at fwrdd ei gwledd?
Heb imi weld yr ewyn ar ei glan
Syrth fy amrannau ar fy llygaid llesg,
Heb weld y llwybr a'm dygai tua'r Llan
Ychwaith, na rhosydd Llanfair dan yr hesg.
Ond er gwarafun imi weled ffin
Y fro lle'r oedd syberwyd gynt a thras,
Mae enwau'r henfro'n hyfryd ar fy min,
A holl ddiddanwch hiraeth yn eu blas;
Gan flasu'r enwau af cyn hir i'm taith
Heb neb a chwerwo eu melyster chwaith.

. . . Ai dyma Angau? Afraid oedd fy ofn.
Arafa'r rhwyfwyr wrth nesau â'u gwŷs
I'm dwyn ar fyrder dros yr afon ddofn
I'm penodedig dynged yn ddi-frys.
Gwingo ni wnaf rhag myned dros y dŵr
Er crino o'm henaid gynt wrth fflam y cnawd,
Cans yno y'm bernir gan Raslonaf Ŵr
A ŵyr fy nefnydd ac a wêl fy rhawd.
A minnau oddicartref fu gyhyd
Yn cael fy mara ymhell o Walia wen,
A'm lluchio o bost i bared yn y byd,
Hirnos f'alltudiaeth bellach sydd ar ben:
Mae 'Nhad a Mam ac Elin, drwy y tarth,
Yn galw Gronw adre dros y Garth.

# Y PARCHEDIG EDRYD EDWARDS
# MORFA NEFYN

Heno pwy a'n diddana? Oer yw braw
Llawer bron drwy'r Morfa:
O symud Edryd, ŵr da,
I bridd pwy na sobreiddia?

O'i roi i'r ddaer ryw oer ddydd, onid lleddf
Ydyw Llŷn bwygilydd?
Wylant am efengylydd,
Am ŵr ffeind a mawr ei ffydd.

Dyfal ar ffiniau deufyd—y rhannodd
Gyfrinach y Bywyd,
I helpu'i braidd o'i bulpud,
Aeth y gwaith â'i nerth i gyd.

Â'i braidd yn ofal calon — fe'u noddai
Yn feunyddiol dirion,
Rhai'n drist, rhai'n wan o dan don
Oer a dyrys bryderon.

Bu annwyl o'r ifanc beunydd—i'w dwyn
Yn dyner a chelfydd
At ddïau drysorau sydd
I'r ifanc mewn gwir grefydd.

Edryd a gaed yn hydrin,—yn dawel
Ar hen dywydd gerwin;
Siriol wrol bererin
O dan ei bla cyndyn, blin.

O'i gell gwae inni ei golli,—a'i gipio
O'i gapel eleni:
Poen oedd colli'i gwmpeini,
Gwae gymryd ein Hedryd ni.

Ond cefnodd ar ddioddef,—diolch fo,
Nid wylo na dolef;
Aeth Edryd am byth adref,
Was gŵyl, i'w noswyl a'i Nef.

# ENGLYNION

## MEIRION HUGHES

Un ar dân dros ei gred yw,—Gŵyl odiaeth,
A'n gwleidydd diledryw,
Gŵr rhugl y geiriau hyglyw,
Gwerinwr rhonc o'r iawn ryw.

## Y PARCHEDIG JOHN OWEN, RHUTHUN

Theatrig glerig o Glwyd—yn Llanfair
I'r Gadair a godwyd,
Ei anwylach ni welwyd,
Un gwell ei waith chwaith ni chwyd.

## DAFYDD ARTHUR JONES

Defod gorseddu Dafydd, a'i urddo
Â harddwisg ysblennydd
A medal Pen Dramodydd
Am ei ddawn,—drama o ddydd.

## GWESTY

Cei ymddiddan dan ei do, cei luniaeth,
Cei lonydd i huno,
Ond o'i fewn, er däed fo,
Ni chei aelwyd er chwilio.

## NADOLIG

Daeth i nos ein hadwyth ni, yn rasol
I breseb a thlodi,
I gynnau ar Grog inni
Leufer Iôn ar Galfari.

## COED

Llwyfan i'r adar ganu, lle diddos
Â'u nos yn dynesu,
A'u dirgel, olaf wely
Yn ing dwys eu hangau du.

## ORIG

Er ei ddull anwaraidd o, a 'mystique'
Y mwstas sy ganddo,
Er ei gael fel gŵr o'i go
Dotiaf at El Bandito.

# FY MRO

Ni ddeliais degwch hon wrth froydd daear
Na'i gweled hi erioed yn well na gwaeth,
Na dal wrth fryniau byd y bryn a'n nodda,
Na dal wrth arfordiroedd byd ei thraeth.

Ond hyn a wn. Ple bynnag y bo nghrwydyr,
A bydded fy siwrneiau'n gall neu'n ffôl,
Mae'r gwreiddiau, sydd yn ddwfn ym mhridd yr henfro,
Beunydd yn tynnu tua'r henfro'n ôl.

Hi sydd yn cymell chwerthin ar fy nghalon
A hi a'm gyr i wylo'n chwerw dost,
Hi sydd ar dro yn dwyn cywilydd arnaf,
Weithiau'n fy llenwi â balchder ac â bost.

Wrth graffu ar ei gwerin a'i lluestai
Y daw im gynyrfiadau, fawr a mân,
A'r rheiny o'u dal yn rhwyd iaith ac ymadrodd,
Bellach i mi sy'n unig destun cân.

# Y CROESGADWYR

Ymdwymwch wrth dân eich Cymreictod, groesgadwyr diwên,
A thynnu diddanwch o'r Iaith a'i thrysorau hen.

Casglwch brin lyfrau Gwenogvryn a'u felwm Japan
A'u bodio yng ngolau dysgeidiaeth o bedwar ban.

Amgylchwch ein llên o Daliesin hyd yn awr
Gan rifo ei thyrau beunos hyd doriad gwawr.

Carwch eich gwlad, ond gwyliwch rhag tynged erch
Os gwelir bod difrifwch yn eich serch.

A Duw a'ch helpo os ewch o flaen eich gwell
A chaffael colledion dros eich Iaith, a chell.

Ni all eich Cenedl wneud na rhych na rhawn
O'r rhai sy'n ei charu hi'n ddifrifol iawn.

Yn wir, yn y Gymru hon a aeth â'ch bryd
Nid oes ond y diletant yn wyn ei fyd.

## Y LLYN

'Roedd yno harddwch mwy, ys gwir,
Nag a geid drwy gydol yr oesoedd hir
Cyn i'r peirianwyr feddiannu'r tir.

Ac er pob anair i'r llyn a roed,
Fe weddai'r dŵr i'r tir a'r coed
Fel petai'n drefniant Duw erioed.

Yn llonydd, lonydd 'roedd dŵr y llyn
Drwy gydol prynhawnddydd yn cysgu'n syn
Yng nghesail y mynyddoedd hyn.

Tawel oedd gwedd y llyn i gyd
Megis y bydd y cartre'n fud
Pan gefno'r plant a mentro'r byd.

Ond harddwch a'm tagai ydoedd hwn
A'i weddu cymesur a droes yn bwn,
A'i lonyddwch yntau yn faich, da gwn.

'Doedd dim yn y fangre i leddfu ias
Cywilydd bargeinio â thir a thras
A gwreiddiau dwfn, am wobrau bras.

Ac yna o'i nyth yn y goedwig fry
Dros y llyn ehedodd un frân ddu
A chrawcian cras ei chwerthin hy.

# MEWN CAWELL

'Does dim yn ei blesio'n well na bod pobol glên
Yn taro i mewn a'i gosi o dan ei ên:

Eu clywed yn dywedyd am ei gân
Fod hwn yn trechu adar byd yn lân:

Cofio rhoi iddo wydriad bach o ddŵr
A phinsied bach o hadau mân, bid siŵr:

Rhoi yn ei gawell degan metel gloyw
Er mwyn i'r oriau fyned heibio'n hoyw.

Afraid oedd rhoi dwy adain fach i hwn
Na bu caethiwed iddo erioed yn bwn:

Fe'i cleddir gyda'i dadau yn ei dro
Cyn chwennych dianc na chyfnewid bro,

Heb weld ei wyn ar adar yn eu swae
Sy'n caffael gweld y ddaear fel y mae:

Druan o'r taeog, y caniedydd pur
Sy'n caru'r gawell gyda'r barrau dur.

# YR ETIFEDD

Etifeddodd stad faith ei therfynau,
Rhy faith i'w hamgylchu ar fyr o dro
Onid yng ngherbyd y gwynt.

Y tu fewn i'w herwau hi
'Roedd golud o drysorau
A threftadaeth llawer oes.

Yno gallai enaid gael llonydd
Tra bai tawelwch yn golchi drosto
Ar ôl lludded y dydd.

Yno ceid harddwch môr a mynydd,
A chors a chae,
A fforest a pherthi
I borthi llygad.

Yno ceid sŵn adar a thonnau'r môr,
A breichiau'r gwynt yn plygu'r ŷd yn ffeind,
I borthi'r glust â hyfrydlais.

Ceid yno lendid nant ac afon a môr
Fel y daethant o feddwl Duw yng nglendid y
bore,
A gwynt a glaw fel gwinoedd prin
Yn llenwi'r galon â gollyngdod.

Ond, â'r etifedd â'i ben yn y gwynt
Daeth halogwyr gan sarhau'r canrifoedd
Ac arllwys eu budreddi hyd y dreftadaeth.

Buan ni bydd
Na thawelwch i olchi'r enaid,
Na harddwch i borthi llygad,
Na hyfrydlais i borthi'r glust,
Na glendid i lenwi'r galon â gollyngdod.—
Dim ond atgo hunllefus.

Tybed a welodd yr etifedd heddiw
A welais ac a glywais i?

Haid o wylanod dolefus yn crio uwchben y môr,
Am fod un o'u nifer heb gyffro plufyn
Yn yr olew du
Yn gelain ar y traeth.

# RHANDIR NEB

Heddiw cydrhwng dwy deyrnas y gwersylla
  Heb ddinasyddiaeth yn yr un o'r ddwy,
Rhwng asbri ienctid ac aeddfedrwydd henaint
  Yn ganol oed sy'n achwyn mwy na mwy.

Colli holl hwyl y gyrru mentrus cynnar
  Ynghyd â'r pardwn ffŵl a roid mor hael,
Heb ennill yn gyfnewid chwaith faddeuant
  A roir heb rwgnach pan ddêl henaint gwael:

Colli holl gynyrfiadau ffydd y bore
  A chip ar gyfrinachau mawr eu rhin,
Ond heb gael gweled ym myfyrdod atgo
  Ei fywyd yn gwaddodi fel hen win.

Na fyddwch ddreng, fagnelwyr y ddwy deyrnas,
  Wrth ganol oed sy weithiau ar goll yn lân,
Heb freiniau ienctid, a heb wobrau henaint,
  Ar randir neb, yn sefyll rhwng dau dân.

## YR YSBYTY

Ganwaith y bûm chwerw
Gan anwastadrwydd y byd,
A gweld dorau'n fythol gloedig
Rhag pobun onid y breiniol,
Breiniol o waed a dysg a golud.

Ond fy nghipio yma
Lle nad oes nac Iddew na Groegwr,
Na chaeth na rhydd,
Dim ond deiliaid cyfartal
Yng ngwerinlywodraeth poen.

Credu wrth ymlafnio â'r byd
Mai moesau'r goedwig a orfyddai:
Trechaf treisied,
Gwannaf gwaedded:
Mai farnais oedd gwareiddiad
Ar nwydau'r fforestydd lle tarddodd ein hil.

Ac yma, taro ar gymdogion
At alwadau trugaredd, nos a dydd,
Rhwng fy Nghaersalem â'm Jerico i.

Poeri ar grefydd fel ar chwedl gwrach,
Neu gyffur y gwerinoedd,
Neu ddifyrrwch gwragedd segur a phlant:
Nes clywed yn nhrymder y nos
Siffrwd wrth erchwyn fy ngwely,
A dyfod i mi dangnefedd
Nad yw o'r byd hwn.

## Y CLOWN

Saif yr hen siop ar gwr y pentre erioed
A mawr y tramwy tuag ati gynt,
A chip mawr ar ei marsiandïaeth hi.
Nid felly mwy, ond ar adegau prin
Megis priodas, bedydd, ac ar gladdedigaeth.

Ysgafn yw'r fro ohoni a digownt
Gan ddannod mai ym mysg y beddau y saif,
Fod aroglau llwydni'n drwm o oes a fu
O fewn ei muriau, a gorymdaith byd
Yn myned heibio heb daflu golwg ati.

Bernir y goruchwyliwr yntau'n glown,
Yn llyncwr geiriaduron, dyn fel brân,
Mewn het a choler ddigri; gŵr â'i drâd
Yn gocyn hitio'r ffraeth. A rhwng pob peth
Dyfalu y mae'r doethion faint y deil
Y drws ar agor, cyn y bydd yr hwch
Yn mynd drwy'r tipyn siop.

Ond y mae sôn
Na fynnai y Perchennog weld y drws
Yn cau, a'r adeiladau a'r stoc a'r tir
Yn mynd rhwng cŵn a brain, canys fe roes
Ei holl gyfalaf yn y fenter hon.

Trachefn
Gwnaed y Perchennog yntau gynt yn glown
Ym marics milwyr cyn ei hoelio ar groes;
Paraffernalia brenin a roed iddo,—
Mantell ysgarlad dros ei gorffyn briw,
Sodro ar ei ben goron o ddrain plethedig,
A rhoi'n ei law deyrnwialen gomic, drist
O gorsen ysig, a'r gwarchodlu dreng
Yn chwerthin yn eu dyblau.

Mae'r hen ŵr
Am ddal i gynnig bara i'r neb a'i pryn,
A'r gloyw-win puredig.

# CARTRE'R HENOED

Beth sydd yn poeni'r hen ŵr?
Pan oedd o'n gwingo byw dan dormach y Stad
'Doedd dim carpedi dan ei draed,
Na chlustogau i fwrw arnynt ludded yr hirddydd,
Na llenni melfed ar y ffenestri
Fel sydd heno rhyngddo â'r machlud.

A 'does dim o'i le ar y bwyd:
Mae'n well nag a gai yn ei dun,
A gwell na'i swper chwarel,
Yn fwy mantoledig
Yn ôl y ddysg ddiweddaraf,
A phrydlon fel corn y gwaith.

Ac y mae yma hafan glyd,
Dim gwynt cilddor ar gyfyl y lle,
Eithr chwa gynnes drwy'r coridorau
Ac ym mhob twll a chongol lle'r elom.
A aeth o'i gof wynt traed y meirw
A'i gwanai fel cyllell slawer dydd
Wrth ruthro arno heibio i dalcen y setl
Hwyrnos o aeaf?

A her i lwch roi ei glun i lawr yma
Tra bo morynion diarbed y Cyngor Sir
Wrth eu crwsâd antiseptig:
'Fyddai gan ei hen wreigan gynt
Fawr o siawns yn erbyn y paragonau hyn
Yn eu ffedogau claerwyn.

Beth gan hynny sy'n poeni'r hen ŵr,
A phaham nad yw'n ymlyfu?

Dim ond hiraeth am un o dai y Stâd
Ar Ben y Bryn,
Lle mae rheffynnau hiraeth yn ei dynnu
I'r gegin fach a'r linoliwm oer,
Lle cyflawnodd Siân wyrthiau gynt
Gyda'r blawd yn y celwrn pan oedd byw yn fain:
Awydd dihengyd yno i farw
Yn rhydd a breiniol
Ar ei domen fach ei hun.

# Y BEDDAU A'U GWLYCH Y GLAW

Chwi sy'n y beddau a'u gwlych y glaw,
  A guddiodd daear dan wyrdd groen,
Gwyn eich byd ar y llethrau draw,
  Ni all neb eich cyrraedd â saethau poen.

Ienctid y beddau ar y bryn
  Fu'n heinyf dramwy hyd y plwy,
Er a ddwedo neb, mae eich byd yn wyn,
  Ni ddaw i chwi heneiddio mwy.

Preswylwyr y beddau dan eira claer
  A gladdasom ni dan bridd a chroes,
Ni'ch poenir chwi gan amheuon taer
  A fu'n cythryblu llawer oes.

Chwi sy'n y beddau dan y coed,
  Heb ddim yn tarfu ar eich hedd,
I chwi yn awr y gwir a roed,
  Y gwir am ein tynged wedi'r bedd.

# I'R CYNFAB
# (WYN)

Fy mhlentyn gwyn,
Mae eiddigedd yn fy ngwaed
A gresyndod ym mêr fy esgyrn,
Nad egyr fy llygad byth
Ar dy fyd addawedig di
A'i afrifed ryfeddodau.

Odid na ddilyni di
Lwybrau nas canfu aderyn
Ac nas troediodd dyn erioed,
Gan hafota ar blaned
A hendrefu ar seren bell.

Odid na weli gadwyno hen elynion ein hil:
Chwedl o gynfyd fydd newyn deuparth byd
A'r afiechydon fu'n croeshoelio dy dadau.

Mawr dda iti
O'r byd gwyn a'th erys.

Eto mi a'th ddyffeiaf
Na ddaw i ti
Ddwysach rhyfeddod nag a welais innau,
Gytuno o'r anwylaf o rianedd
I rannu â mi fy mara,
A'm cyfrinach,
A mentro'r byd law yn llaw.

Hithau'n esgor ar fy nghynfab,
Asgwrn o'n hesgyrn,
A chnawd o'n cnawd.

Ac wrth edrych arnat
Megis ped edrychwn mewn drych,
Gweled ar un cip
Un arall o'r troeon afrifed
A welodd y byd bob awr o'i ddechreuad,
Y peth cyffredin hwn,
Eithr i mi
Yn wyrth unigryw'r canrifoedd.

# *EMYNAU*

## EMYN 1

### ARGLWYDD Y DDAWNS

Mi ddawnsiais y bore pell
  Pan grewyd y byd,
Ac mi ddawnsiais dan leuad
  A'r haul a'r sêr i gyd:
A disgynnais o'r nefoedd draw
  I ddawnsio'n ffri,
Ym Methlehem
  Y ganwyd fi.

*Cytgan:*
Dawnsiwch yn llawen iawn eich llef,
Fi ydyw Arglwydd y Ddawns, medd ef;
Deuwch ar fy ôl yn llawen iawn eich llef
Canys fi yw Arglwydd y Ddawns, medd ef.

Mi ddawnsiais i Phariseaid
  Culion a chas,
Ond ni ddawnsien nhw ddim
  Er eu cymell, wŷr di-ras.
Ac mi ddawnsiais i ddau bysgotwr
  Ar lan y môr,
A daeth y ddau
  I ddawns yr Iôr.

*Cytgan.*

Mi ddawnsiais ar Sabath
  Er mai sanctaidd y dydd,
Ac mi wnes i ddyn cloff
  Fedru rhodio'n gwbwl rydd;
Ac fe'm chwipiwyd am hynny
  Gan fy ngadael mewn loes
I farw'n hongian
  Ar y groes.

*Cytgan.*

Mi ddanwsiais ddydd Gwener
  Ar y tywyll brynhawn—
Pan fo'r diafol ar dy gefn
  Mae'n anodd dawnsio'n iawn:
Ac fe'm claddwyd i wedyn
  Yn y bedd dan y maen,
Er hynny aeth
  Y ddawns ymlaen.

*Cytgan.*

Fe fethodd cadwynau'r bedd
  A'm dal yno'n hir,
Canys fi ydyw'r bywyd,
  Byw fyddaf byth, yn wir:
Ac fe bery y ddawns
  O fewn eich calon, mi wn,
Os dewch ar f'ôl
  Drwy'r byd mawr crwn.

*Cytgan.*

SYDNEY CARTER

Cyf. R.G.H.

# EMYN 2

## DUW CARIAD YW

Cyn gwawr y dydd y'n ganed
Gofalodd ein Tad
Fod inni gael byw ar blaned
Mewn nefoedd o wlad,
Lle'r oedd rhai tyner eu dwylo
Eisoes yn byw
I'n derbyn a'n hanwylo—
Duw cariad yw.

Beth bynnag a'n cyferfydd
O droeon y byd,
Gofal ein Duw ni dderfydd
Drwy'r drafael i gyd;
Os mynych 'bydd y beichiau
Fe gawn yn ddi-ffael
Danom dragwyddol freichiau
Duw'r cariad hael.

Caiff Duw ei ogoneddu
Drwy'i Deyrnas ryw ddydd,
A gwêl y Crist wireddu'i
Freuddwyd a'i ffydd;
Caiff llwythau daear flasu
Melyster y byw
Â chariad yn teyrnasu—
Cariad yw Duw.

(Tôn: 'Duw Cariad Yw', H. R. Palmer, *Y Detholiad 1990)*

## EMYN 3

### CAROL

Fe welsom ninnau, Arglwydd,
  Ein llety yn rhy lawn,
Ac wrth in gofio hynny
  Yn drist edifarhawn;
Dyddiau ffwdanus brysur
  A'r ddaer yn mynd â'n bryd,
Heb un ystafell gennym
  I Geidwad yr holl fyd.

Dro arall, wrth ein gorchwyl,
  Yn oriau'r nos neu'r dydd,
Fel y bugeiliaid hynny
  Clywem ar donfedd ffydd
Bereiddiaf gân angylion
  O fendigedig ryw,
Am eni gynt ym Methlem
  Grist anfonedig Duw.

A phan fo'n bryd ni arnat
  Gan edrych tua'r nen,
Fe welwn fel y doethion
  Ddigymar seren wen,
A ddengys lwybyr inni
  Â'i lamp yn entrych nef,
I ninnau gael penlinio
  Wrth droed ei breseb Ef.

# EMYN 4

## NADOLIG

Ti a ymwelodd unwaith
  Â'n byd o'th gariad hael,
Tydi a ogoneddodd
  Ddistadledd preseb gwael,
O, tyrd drachefn i roi mawrhad
Ar ein distadledd ninnau, O Dad.

Tydi a wnaeth i'r engyl
  Uno mewn hwyrol gân,
Nes synnu y bugeiliaid
  A mynd â'u bryd yn lân,
Dyro i ninnau glust a glyw
Gân dy angylion Di, O Dduw.

Ti a arweiniodd unwaith
  Â seren, draw o bell,
Dri at dy Unmab Iesu,
  Eu gobaith am fyd gwell,
Rho seren wen i'n tywys ni
O'n pellter, Arglwydd, atat Ti.

A fel y daeth y doethion
  Ag aur a thus a myrr,
Gan blygu glin i'r Iesu,—
  O Arglwydd, ar dro byr
Dwg y cenhedloedd, pawb â'i rodd,
I blygu i'r Ceidwad yr un modd.

# EMYN 5

## NADOLIG 1989

Fe erys llawer llety
  O hyd â'i ddrws ynghlo,
Ac nid oes yno gysgod
  I'r Ceidwad dan y tô:
Ac erys Herod hefyd
  Yn filain iawn ei drem,
A phlant yn dioddef ganddo
  Fel cynt ym Methlehem.

Ond fel y cadd y Doethion
  Wrth edrych tua'r nen
Eu tywys tua Bethlem
  Gan olau seren wen,
Mae Duw'n goleuo eto
  Y llwybr i'r sawl a'i myn
O fannau pell ac agos
  At grud ein Hiesu gwyn.

A'r llawen gân a glywid
  Pan aned Mab y Dyn,
Liw nos gan y Bugeiliaid—
  Cân engyl yn gytûn,
Mae'r miwsig eto i'w glywed
  Os meddwn glust a glyw,
Er carnifal Nadolig byd
  Ar ryfedd donfedd Duw.

# EMYN 6

## LLETY LLAWN

Ofer ichi ddal i guro,
Ofer dal i gadw stŵr, syr,
Mae pob gwely'n llawn yn barod,
'Does dim lle i chi, yn siŵr, syr.

Sefyll yn y glaw,
Curo ar y ffenestr,
Curo ar y ffenestr
Y Nadolig hwn:
Dyma fo drachefn
Yn curo ar y ffenestr,
Curo ar y ffenestr
Yn yr hen ddull a wn.

Ofer ichi ddal i guro—
Lwc i un, dim lwc i'r llall, syr—
Rhaid hyd yn oed i ŵr o Gristion
Fod yn gynnil ac yn gall, syr.

Na, ni allwn gynnig preseb,
Na, ni allwn gynnig stabal:
Carem estyn help Cristnogol
Ichwi'n awr, pe baem yn abal.

Er i Grist fynd fry i'r nefoedd,
Yma y daw, i'r man lle bu, syr,
A chaiff groeso ar ein haelwyd—
Os na bydd ei groen yn ddu, syr.

Boed i chi Nadolig llawen:
'Nôl i'r gwely yr awn ni, syr:
Cysgu'r oeddym megis meirwon
Nes ein deffro gennych chi, syr.

SYDNEY CARTER

Cyf. R.G.H.

# EMYN 7

(Tôn: Mariners, *Detholiad* 1980-81)

Down, ein Tad, o'th flaen dan ganu
Heddiw yn dy demel lân:
Pwy na chanai? Y mae gennym
Fyrddiwn o destunau cân.

Canu am liwiau a ddefnyddi
'Nawr wrth baentio'r cread crwn,
Ninnau yn cael treulio'n dyddiau,
Iôr, mewn byd mor hardd â hwn.

Canwn am dy ofal drosom
Ddydd a nos mewn ffyrdd mor ffeind;
Ceidwad Israel wyt, heb huno
Na'n hanghofio yn ddifeind.

Canu am aelwyd sydd yn gynnes
Gan anwyldeb tad a mam;
Doed a ddelo, hwy a'n carant
Ac ni ddiffydd neb y fflam.

Canu am Iesu fu'n bendithio
Plant ym Mhalesteina draw,
Un sydd heddiw'n ffrind plant Cymru
A holl blant y gwledydd draw.

Down, ein Tad, o'th flaen dan ganu
Heddiw yn dy demel lân;
Pwy na chanai? Y mae gennym
Fyrddiwn o destunau cân.

## EMYN 8

### EMYN GŴYL DDEWI

Am Gymru a'i thrysorau gwir,
  Ysblander mynydd, môr a thir,
Ac am ein hiaith a'n hanes hir
  Rhown ddiolch brwd, ein Duw;
Ac addunedwn ger dy fron,
  Gan gofio Dewi Sant, fab Non,
Y byddwn driw i'r Gymru hon
  A'i charu tra bôm byw.

Wrth feddwl am dy fwriad drud
  I gasglu holl genhedloedd byd
Yn deulu'n byw mewn hedd ynghyd,
  Rhoddwn i Ti fawrhâd:
Grymusa ein hadduned ni
  Na rwygwn byth dy deulu Di,
Na dwyn gwaradwydd ar ei fri
  Byth mwyach, nefol Dad.

Am gariad Crist, y teg ei lun,
  Y bythol ifanc Fab y Dyn
A'i aberth drosom bob yr un,
  Rhown ddiolch wrth ei groes;
A chlyw'n hadduned ni ar gân
  Y cerddwn gyda'r Iesu glân,
O gael ei nerth, drwy ddŵr a thân
  Yn llawen gydol oes.

# EMYN 9

## CARTREF

Na foed ein haelwyd, Arglwydd,
  Heb lamp y Gair ei hun,
A disglair addewidion
  Efengyl Mab y Dyn:
Fe ddyry mewn pryderon
  A'u tywyll nosau hir
Oleuni yr un ffunud
  Â golau'r wawr yn wir.

A bydded tân dy gariad
  Maddeugar, tirion, hael,
Yn llosgi ar ein haelwyd
  Drwy gydol oes heb ffael;
Pan ddelo stormydd bywyd
  Â'u hoerwynt at ein dôr,
Nid oera'r tŷ a dwymir
  Â'th gariad mawr, ein Iôr.

Ac er yr hau a'r medi
  A dyfal gasglu'r grawn,
Rhyw fara annigonol
  Sydd yn ein cwpwrdd llawn.
Rho inni'r Bara hwnnw
  O flawd dy felin frŷ
Sy'n gwir ddiwallu'r enaid
  Ers cenedlaethau lu.

# EMYN 10

Deuwn yn llon at orsedd Duw,
Ein Ceidwad digyfnewid yw;
Gwyrth ei drugaredd sydd o hyd
Ar waith yng nghanol helbul byd.

Gwir yw y gair, fe ddeil yr Iôr
I agor llwybyr drwy y môr;
Lle byddo ffydd fe ddyry Ef
Ddŵr pur o'r graig a manna o'r nef.

Deil i waredu, heb lesgáu,
Ei blant rhag llewod yn y ffau;
Fe'n ceidw eto rhag pob nam
Yn ffwrn y byd a'i ysol fflam.

Fe ddyry Duw, lle caffo ffydd,
Ar ôl pob croes ryw drydydd dydd;
Daw at drueiniaid fel o'r blaen
O'i gariad mawr i dreiglo'r maen.

## EMYN 11

I ddyddiau'r glanio ar y lloer,
  Y'n ganed, Iôr, bob un,
A gwelsom wyrthiau eraill drwy
  Y ddawn a roist i ddyn.

Ond dyro weled gwyrthiau mwy—
  Cael sathru dan ein troed
Yr afiechydon creulon, cry'
  Sy'n blino'r byd erioed.

Rho inni'n fuan weled dydd
  Na cheir, drugarog Dduw,
Na newyn blin na thlodi chwaith,
  Na neb heb gyfle i fyw.

A dyro weled, drwy dy ras,
  Ryfeddol wawr yr oes
Pan fydd gelynion daear oll
  Yn ffrindiau wrth Y Groes.

## EMYN 12

Nesawn, O Dduw, â llawen gân,
Gan ddiolch am dy demel lân
Lle daw dy blant i geisio 'nghyd
Y pethau nad adnabu'r byd.

Cawn yma gwmni'r rhai sy'n byw
Â'u pwys ar ryfedd gariad Duw,
I'r rhai y rhannodd Iesu Grist
Fendithion o drysorau'i gist.

Mae allor yn y demel hon
I'th blant benlinio ger ei bron,
Ac uno mewn eiriolaeth wir
Dros druan fyd â'i gystudd hir.

Cawn yma glywed, bob yr un,
Y Beibil yn ein hiaith ein hun,
A'th weision, Arglwydd, yma a gawn
Yn traethu yr Efengyl lawn.

Mae bwrdd cydrhwng y muriau hyn
Ag arno win a bara gwyn
I gofio am y Gŵr a roes
Ei einioes drosom ar Y Groes.

A thra bo'n bryd ar Iesu hardd
A ddrylliodd rwymau bedd mewn gardd,
Cawn yma'n awr ei gwmni drud,
Ac wedi hyn mewn newydd fyd.

## EMYN 13

(Tôn: Pen Ucha)

O, tyn ein bryd, dirionaf Dad,
Oddi ar wrthrychau di-lesâd,
I ddisgwyl wrthyt Ti dy hun;
Mae gennyt Ti, dy blant a'i gŵyr,
Yr ymborth i ddiwallu'n llwyr
Y newyn sydd ar enaid dyn.

Wrth inni olrhain cwrs y daith
A chofio'n holl bechodau maith,
Daw cof am bardwn sydd ar gael:
Mae eto wisg i'r afrad ffôl,
Caiff fodrwy hefyd pan ddaw'n ôl,
A llawen wledd dy groeso hael.

Pan fo'n pryderon yn dwysáu
A nos anobaith yn nesau,
Fe elli Di ail-danio'n ffydd:
Pan welwn, gan nad beth a ddaw,
Fod ein hamserau yn dy law,
Fe ddychwel gobaith, nos â'n ddydd.

# EMYN 14

(Tôn: Pant-teg)

Llawer mil a llawer miliwn
  Sydd o adar to,
Dau am ffyrling gynt, medd Iesu,
  Yn siopau'r fro;
Os bu gofal Duw drwy'r oesau
Am yr adar hyn, heb amau,
Deil ei ofal drosom ninnau
  Heb drai na thro.

Llawer mil a llawer miliwn,
  Blodau Duw ei hun,
Sy'n y gerddi, hyd y cloddiau'n
  Hardd iawn eu llun;
Ac os ydyw Duw yn gwylio
Blodau byr eu hoes, heb flino,
Onid yw yn siŵr o'n cofio
  Ninnau bob un?

Llawer mil a llawer miliwn
  O blanedau sy
Wrth orchymyn Duw yn hwylio'r
  Gofod sydd fry;
Ac os gŵyr y Tad eu henwau
Bob yr un yn fil miliynau,
Oni ŵyr ein henw ninnau?
  Ei fath ni bu.

Llawer mil a llawer miliwn
  Sydd o blant y byd,
Du a gwyn a brown a melyn,
  Bob lliw a phryd;
Ond mae lle gan Dduw'n ei galon
Inni oll, yn fach a mawrion,
Canwn Iddo glod yr awron,—
Canwn ynghyd.

(Wedi darllen 'God knows me', John Gowans)

## EMYN 15

(Tôn: Pros Kairon; Carys Hughes)

### FFYDD, GOBAITH, CARIAD

Rho, Arglwydd, ffydd i weled,
Er cynnwrf byd a'i fraw,
Na ddichon undyn gipio'r
Awenau sy'n dy law:
A phan ddêl maith helbulon
A phryder inni'n bwn,
Rho inni ffydd i weled
Mai byd ein Tad yw hwn.

Rho inni'r gobaith bywiol
Na ddaw o allu dyn,
Ond o ryfeddol goncwest
Y Ceidwad mawr ei hun,
A ninnau'n gallu teithio
Mewn hyder diwahardd,
Am nad yw'n Harglwydd mwyach
Mewn beddrod yn Yr Ardd.

Rho inni'r cariad hwnnw
A gaed yn Iesu gwiw,
I godi baich y gwledydd
Sydd ar eu hysgwydd friw,
A dod ag oes sy'n ofni
Y gwêl ei byd ar dân,
I gredu bod dyfodol
Yng ngariad Iesu glân.

(*Detholiad* 1986-87)

## EMYN 16

(Tôn: Dafydd; T. Hopkin Evans)

### DAETH YR IESU UNWAITH

Daeth yr Iesu unwaith
  I ddaear oer a gwyw,
Barrug hen gasineb
  Yn lladd pob egin byw;
Gwelwyd Ef yn cynnau
Tân mewn oer galonnau,
Tân ei serch sy'n fflamau
  Erioed yng nghalon Duw.

Daeth yr Iesu unwaith
  I ddaear dlawd a thrist,
Rhannodd i'r anghenus
  Drysorau mawr o'i gist;
Rhai fu gynt yn dlodion
Aent yn gyfoethogion,
Byw uwchben eu digon
  Drwy dlodi Iesu Grist.

Daeth yr Iesu unwaith
  I ddaear dywyll, brudd,
At rai'n ofni 'fory
  A'i holl beryglon cudd;
Gwelwyd gwawr yn torri,
Fflachiodd ei goleuni
Wedi'r Atgyfodi
  Ar fore'r Trydydd Dydd.

# EMYN 17

## MAWL YR YSGOL SUL

Am yr Ysgol rad Sabothol,
  Clod, clod i Dduw,
Ei buddioldeb sydd anhraethol,
  Clod, clod i Dduw.
Ynddi cawn yr addysg orau,
Addysg berffaith Llyfr y llyfrau,
Am gael hwn yn iaith ein mamau,
  Clod, clod i Dduw.

Yn yr Ysgol hon y clywsom
  Am gariad Duw,
A'i holl ofal Ef amdanom
  Mai rhyfedd yw;
Am y geni ym Methlem Jwda,
Am y marw ar Galfaria,
A chyfodiad y Meseia
  O'i fedd yn fyw.

Am bob bendith a ddaeth drwyddi,
  Clod, clod i Dduw,
Am wybodaeth a goleuni,
  Clod, clod i Dduw.
Daeth â llawer oes at Iesu
I'w adnabod Ef a'i garu,
Ac i'w ddilyn Ef dan ganu—
  Clod, clod i Dduw.

Pennill 1: ROGER EDWARDS

Pennill 2 a 3, R.G.H.

## EMYN 18

Mae gan Iesu waredigaeth
  Heddiw i rwygedig fyd,
Â chasineb wrthi'n hogi
  Arfau a'n brawycha i gyd;
  O, na cherddem
Wrth ei weledigaeth ef.

Iesu a iachâ'n calonnau
  O'r euogrwydd ynddynt sydd,
Rhydd dangnefedd mewn helbulon,
  Cryfder yn nhreialon ffydd;
    Rhodded arnom
  Heddiw ei iachusol law.

Iesu yw ein hunig obaith
  Fod ymlaen foreau gwyn,
Gobaith, nid o ddyn na'r ddaear,
  Ond o goncwest ar y bryn;
    Collodd angau
  Ei frenhiniaeth greulon mwy.

# EMYN 19

Collasom y ffydd, annwyl Iesu,
  A ddichon orchfygu'r holl fyd,
Wrth weld yr annuwiol yn llwyddo
  Gan sarnu dy bethau i gyd:
Rho inni y ffydd a'th gynhaliodd
  Yn nhreial didostur y groes,
I'n gwneuthur yn fwy na choncwerwyr
  Ynghanol treialon ein hoes.

Collasom y ffordd, O Waredwr,
  Wrth inni d'anghofio dydi,
Ac aethom yn llwyr ar ddisberod
  I'n hofer siwrneiau di-ri';
O cymer drugaredd yr awron
  A thyn ni yn ôl bob yr un
Ar fyrder i lwybrau y bywyd
  A gerddaist mor union dy hun.

Collasom y fflam, dirion Arglwydd,
  Lle'r oeddem frwdfrydig cyn hyn,
Ac arnom disgynnodd bydolrwydd
  Fel cawod o farrug claer wyn;
Gyr atom yn awr dros y bryniau
  Gryf wyntoedd o fro'r Ysbryd Glân
I ennyn ein gwreichion eiddilaf
  O'r diwedd yn fflamau o dân.

Comisiynwyd gan Eisteddfod Genedlaethol Bro Dwyfor 1975,
ar gyfer cystadleuaeth cyfansoddi tôn.

## EMYN 20

### ADNEWYDDA HYDER SEION

Adnewydda hyder Seion,
Luniwr y cyfanfyd hwn,
Fod brenhiniaeth fawr dy gariad
Dros derfynau'r cread crwn;
Ni wêl tir na môr nac awyr
Chwaith na'r gofod dibendraw
Neb a ddichon fynnu meddiant
O'r awenau sy'n dy law.

Adnewydda hyder Seion
Yn ei Christ, a'r rhyfedd rym
A roes iddo oruchafiaeth
Un prynhawn ar Angau llym:
Tra bo hi'n ymddiried ynddo
Yn nhreialon garw ei ffydd,
Yn y man daw iddi hithau
Orfoleddus drydydd dydd.

Adnewydda hyder Seion
Fod yfory gwell i'n byd,
Er ei dwllwch, pan dderbynio
Lusern wen dy gariad drud:
Wrth oleuni hon gall gerdded
Ffordd y Bywyd gwir, di-ffael,
Tua'r nef a'r ddaear newydd
Sy'n dy addewidion hael.

Comisiynwyd gan Eisteddfod Genedlaethol Bro Madog 1987:
Cystadleuaeth cyfansoddi emyn-dôn ar gyfer yr emyn hwn.

# EMYN 21

## AR FIN Y FFORDD I JERICO

Nid oes i ni ddihangfa,
  O Grist, rhag d'eiriau gynt
Am ŵr yng ngafael lladron
A'i clwyfodd ar ei hynt,
A rhai'n osgoi ei weled o
Ar fin y ffordd i Jerico.

Fe erys ar ein daear
  Y lladron mawr eu llid,
A'r teithwyr sy'n mynd heibio
  Yr ochor draw'n ddi-hid,
Heb weld y truan, trist y tro,
Ar fin y ffordd i Jerico.

O'th gofio, rho in weled
  Y sawl sy dan ei friw,
A'i gludo ar ein hanifail
  Ar frys i lety gwiw,
Fel y Samariad dwys un tro
Ar fin y ffordd i Jerico.

# EMYN 22

## PEDAIR ANGOR
(Actau 27: 29)

Darperaist inni, dirion Dad,
  O'th gariad rhad, angorion,
Rhag colli ein heneidiau byth
  Pan chwyth yr Euroclydon.

Angor y cof a'n deil ar daith
  Mewn pryder maith ac ofnau:
Duw'r waredigaeth fuost Ti
  Drwy ddirifedi oesau.

Pan chwyth amheuon yn eu tro
  Gan siglo ein crediniaeth,
Angor y Gair a'n ceidw'n wir
  Rhag colli'r Iachawdwriaeth.

Mae gennyt inni angor ffydd
  Pan fydd y Drefn yn ddyrys,
In fentro yfory sydd dan len
  Yn llawen a hyderus.

Ac o'th drugaredd yn ddi-au
  Yn nyddiau digalonni,
Angor y gobaith, sydd i'r trist
  Trwy haeddiant Crist, a roddi.

# EMYN 23

## DIOLCH I'R IÔR

Diolch i'r Iôr am ros a'u sawr,
Am awyr las a gwên y wawr,
Am bob rhyw rodd 'rwy'n dweud yn awr—
Diolch i'r Iôr.

Diolch i'r Iôr am nos a'i hud,
Am ddisglair sêr uwch meysydd byd,
Am fy mreuddwydion gwiw i gyd,
Diolch i'r Iôr.

Diolch i'r Iôr am serch o'r nef,
Am bob rhyw obaith a roes ef,
Am bob llawenydd codaf lef,
Diolch i'r Iôr.

Am bob llawenydd codaf lef,
Diolch i'r Iôr,
Diolch i'r Iôr.

'Thanks be to God'. Cyfieithiad ar gais Côr Cymry Llundain, ar gyfer cyngerdd yn y Royal Albert Hall yn Hydref 1988.

## EMYN 24

Chwalwyd capel ym Maladeulyn, Dyffryn Nantlle, a chodi capel newydd hardd yn ei le. Cynhaliwyd gwasanaeth arbennig ar achlysur agoriad y capel nos Wener, Tachwedd 15, 1985. Daeth cais oddi wrth aelodau ein heglwys ym Maladeulyn am emyn ar gyfer yr achlysur. Dyma'r emyn a luniwyd.

### AGOR CAPEL NEWYDD BALADEULYN

Bendithia'n awr, O Arglwydd,
  Ein hoedfa yn dy Dŷ,
Rhwng muriau'r Seion newydd
  Ar ôl y chwalfa a fu;
A chydol y blynyddoedd
  Pan ddêl ein plant drwy'r pyrth
Boed iddynt hwythau'r fendith
  Sydd yn dy wedd a'th wyrth.

Boed yma daer weddïo
  Gerbron yr allor lân,
Pregethu'r Gair tragwyddol,
  A moliant pêr ar gân;
A chaffed pawb dangnefedd
  Sydd o anfeidrol rin
Pan dorrir yma'r Bara
  A thywallt yma'r Gwin.

Boed melys gofio yma
  Y Gŵr a biau'r gwaith,
A'n tadau a'i gwasnaethodd
  Dros lawer blwyddyn faith;
A boed i'r cof diolchus
  Ein tanio oll â sêl
I fynnu gwarchod Seion
  Ar gyfer oes a ddêl.

# EMYN 25

## EMYN PRIODAS

Ti Dduw teuluoedd Israel
  A'n creodd ar dy lun,
Gwêl yma ffrindiau Iesu
  Mewn oedfa yn gytûn;
A chaed y Gair a'r weddi,
  Y gân a'n moliant ni,
A chwlwm y briodas
  Arddeliad gennyt Ti.

Daeth yma ddau a garwn
  I'th geisio yn dy Dŷ,
Gan ddiolch am dy ofal
  Drwy bob rhyw ddoe a fu;
A cheisiant dy drugaredd
  Cyn myned law yn llaw
Oddi yma i wynebu
  Y cudd yfory a ddaw.

Yng Nghana Galilea
  Troes Iesu ddŵr yn win,
Doed ef i'n canol ninnau
  Yn awr â'i nefol rin;
Ac yna rhydd ein hoedfa
  Ei bendith tra bônt byw
I'r ddau sy'n gwneud cyfamod
  Yn awr wrth allor Duw.

(Ar gyfer priodas Huw Eifion Hughes ac Eirian, ym Mhenmount, Pwllheli, Medi 1986)

## EMYN 26

(Tôn: Haslemere)

Erys cariad Duw
Beunydd wrth ei waith,
Hael ac addas yw
Fel y byddo'r daith.

Rhag in golli'r ffordd
Duw o'i rad a rydd
Golofn dân y nos,
Colofn niwl y dydd.

Ac ni oddef ef
Inni faich rhy drwm,
Rhag ein llethu byth
Yn yr anial llwm.

Adre'r awn i'r fro
Lle mae Crist yn byw,
Bro hen freuddwyd dyn
Ac addewid Duw.

# EMYN 27

## MAWR DY FFYDDLONDEB

Mawr dy ffyddlondeb, O Dduw fy Nhad nefol,
Heb yr un cysgod o dro, yn ddi-lyth,
Dduw digyfnewid, ni phaid dy drugaredd,
Megis y buost y byddi di byth.

*Cytgan:*
Mawr dy ffyddlondeb di,
Mawr dy ffyddlondeb di,
Newydd rasusau bob bore sy'n dod;
Pob ryw fendithion, dy law a'u darparodd,
Am dy ffyddlondeb y seiniaf dy glod.

Gaeaf a haf, dyddiau'r gwanwyn a'r medi,
Haul, lloer a sêr, fe gytunant, gwir yw,
Gydag amryfal dystiolaeth y cread
Am dy ffyddlondeb a'th gariad, fy Nuw.

*Cytgan.*

Pardwn am fai, a thangnefedd a bery,
Cysur dy gwmni i'm harwain drwy'r byd,
Heddiw caf nerth, ac yfory caf obaith,
Gyda deng mil o fendithion ynghyd.

'Great is thy faithfulness'
THOMAS O. CHISHOLM (1866-1960)
Cyf. R.G.H.

# EMYN CENHADOL

(Tôn: Talyllyn)

Aed sôn drwy'r byd am Iesu,
  Digymar Feddyg yw
I fyd sydd yn dihoeni
  A cholli blas ar fyw;
A chlywed y cenhedloedd
  Am rin tabledi'r Ffydd
Sydd ganddo Ef ar gyfer
  Anobaith trist ein dydd.

Boed sôn am goncwest Iesu
  Ar Angau, greulon deyrn,
Ar boen a phechod hefyd
  A'u hen afaelion heyrn;
A chofied byd y ddyled
  Byth mwy i'r Ceidwad hardd,
Ar ôl y Groglith hwnnw,
  A'r Trydydd Dydd mewn gardd.

Boed sôn am freuddwyd Iesu
  Am ddaear ail i'r Nef,
Y llawen ddydd pan wrendy'r
  Cenhedloedd ar Ei lef;
A'r dydd a ddelo'n ebrwydd,
  Â'i olau disglair, clir,
Yn chwalu dros ein daear
  Ar ôl y disgwyl hir.

# *CANU AMRYWIOL*

## BIWMARES
## (RICHARD)

Mae castell ym Miwmares
  Fu'n gaer i estron leng,
Ond atgof egwan bellach
  Yw ei milwriaeth ddreng,
 champ y muriau cedyrn
  A fu gyhyd yn fraw
Heddiw yn denu'r miloedd
  O dramor diroedd draw.

Mae traeth ger tref Biwmares
  A'i lawnt hudolus wyrdd,
Y cychod ar yr Afon
  Dan hwyliau lliwgar, fyrdd;
Fan acw mae Eryri'n
  Ein gwarchod dros y dŵr,—
Cadernid Gwynedd ydynt
  Yn rhengoedd tal, di-stŵr.

Yn ymyl tref Biwmares
  Mae claddfa hen Llan-faes,
Gorffwysfa pererinion
  Yng nghysgod ywen laes:
Ac yno ers llawer canrif
  Y rhoes Llywelyn Fawr
Ei Siwan drist i orwedd
  Ar ryw ddiangof awr.

Ond ger hen dref Biwmares
  Mae ŵyr i mi yn byw,
Sy'n hwylio'i gwch anturus
  Â'i ddwylo ar y llyw:
Pwysicach im na'r garsiwn
  A welwyd yn y dref,
A'i mynych ryfeddodau
  Yn ddiau ydyw ef.

Yn fwy na dim, wrth gofio
  Fy ienctid gwyn a ffoes,
A'r breuddwyd disglair hwnnw
  Yn siomiant blin a droes,
Fy ngobaith yw y gwelir
  Gwireddu yn fy ŵyr
Freuddwydion fy ieuenctid,
  Lle methais i mor llwyr.

# MOLAWD I LŶN

Pob math o ddiddanwch
Sy'n eisiau ar ddyn,
Tyrd yma i'w gcisio
Waeth beth fo'n dy flino,—
Mae popeth yn Llŷn.

Pan fyddo pryderon
Y byd am dy ladd,
Dring Fynydd y Gwyddel
A chlyw gyda'r awel
Lais Enlli'n dy wadd.

Mae yma allorau
Sy'n hen erbyn hyn,
Ond erys fan yma
Y Cwpan a'r Bara
A'r lliain claer wyn.

Cei siriol gymdogion
I agor eu dôr;
Yn Llŷn mae cwmnïaeth
A'r hen gymrodoriaeth
Rhwng mynydd a môr.

Dy Famiaith sydd yma
Yn beraidd a glân,
A chordial i'th galon
Fydd sŵn hen alawon
Yn ymyl y tân.

Pob math o ddiddanwch
Sy'n eisiau ar ddyn,
Tyrd yma i'w geisio
Waeth beth fo'n dy flino,—
Mae popeth yn Llŷn.

# Y CARPED GWYN
## (ARWEL)

Aeth pump a deugain mlynedd
Ar garlam erbyn hyn
Ers bore oer dy eni,
Â'r byd dan garped gwyn;
Ond cynnes oedd y croeso
Pan ddaethost ti i'r byd,
Â chariad wedi twymo
Dy gongl o'r aelwyd glyd.

A gwybydd eto heddiw
Ar fore'r penmlwydd hwn
Mai cynnes yw dy gongl
O'n haelwyd, da y gwn;
A charped gwyn yw'r llwybr
Sy'n aros wrthyt draw,
Sef dymuniadau'n calon
Drwy d'einioes fel y daw.

## Baled: YN 1959

Yn 'fifty-nine' fe gafwyd
  Hen newydd digon cas,
Pan ddaeth y Darwin hwnnw
  I edliw inni'n tras.
Aeth heibio i'r Baradwys
  Yn Eden Ardd a fu,
A'n holrhain i epäod
  Yr hen fforestydd du.
Yn fuan yr ymledodd
  Hyd gyrrau pell pob gwlad,
Y newydd mawr Darwinaidd
  A rôi ar ddyn sarhâd:
Ac oni chawsem eiriau
  Amgenach beth na'r rhain,
Rhyw flwyddyn bur edliwgar
  Fai 'Eighteen fifty-nine!'

A drwg y newydd arall
  Yn 'Fifty-nine', gwae'r sôn,
Pan aeth y 'Royal Charter'
  Yn ddrylliau ar greigiau Môn.
Fe'i daliwyd gan dornado
  Na welodd neb mo'i ryw,
A'r bae fel crochan Annwn
  Berwedig, yn fedd i'r byw.
Y llong ar ben ei siwrnai
  Yn sglodion mân a aeth,
A'r meirw a'u haur truenus
  Yn froc môr ar y traeth.
A gŵyr y sawl a safo'n
  Llanallgo lle mae llain
Y gladdfa fawr, fod tristwch
  Yn 'Eighteen fifty-nine.'

Ond yr un flwyddyn glaniodd
  Cymro o dros y dŵr,
A 'Royal Charter' arall
  Ym mhregeth daer y gŵr:
Olrheiniai ef ein tarddiad
  Yn ôl i deulu Duw,
A galwai ar Gymru i gofio
  Ei thras, a throi a byw.
Yn ôl ei 'Royal Charter'
  Daeth Peilot Duw, o'i serch,
I'n harwain mewn tornado
  Rhag mynd ar greigiau erch,
A llywio'n cwch yn ddiogel
  I ben y fordaith hon,
Canys Efe yn unig
  Yw Meistr y gwynt a'r don.

Buddugol yng Ngŵyl Cerdd Dant Cymru, 1959.

# DATHLU PRIODAS AUR: CYFARCHIAD GŴR I'W WRAIG

O'r dyddiau yng Ngardd Eden
Dros y canrifoedd hir,
Heneiddio wnaeth pob menyw
A phob rhyw fab, yn wir;
Ond deliaist ti yn ifanc,
Do, heb heneiddio dim,
A hynny, Bessie annwyl,
Sydd yn rhyfeddod im.

A sylwais drwy'r blynyddoedd
Mor drist yw'r modd y cyll
Braidd bawb ei gynnar degwch
A myned braidd yn hyll;
Nid felly y digwyddodd
I ti o'th ienctid draw,
'Rwyt ti yn mynd yn ddelach
Bob blwyddyn fel y daw.

Ac wedyn, rhyw arafu
O hyd a wna dy ŵr,
Ei wynt yn mynd yn fyrrach,
A'i gam yn fyr, bid siŵr;
Ond yr wyt ti yn myned
Yn sgafnach ar dy droed
Megis pe baet yn trigo
Yn Nhir na Nog erioed.

Wel, dyma lon gyfarchion
Dy deulu dedwydd di,
Gan ddiolch am dy ofal
Diderfyn drosom ni;
A boed it lwybyr golau
Ymlaen, fy menyw glên,
Ac aros fel yr ydwyt
Gan wrthod mynd yn hen.

Tachwedd 18, 1992

# AR BEN-BLWYDD ORGANYDDES
# (CARYS)

Pe byddai'r awen gennyf
  Mi luniwn gân llawn serch
O'm dymuniadau heddiw
  Ar ben dy flwydd, fy merch;
A honno'n gân a genid
  Heb lawer iawn o strach
I lawn gyfeiliant miwsig
  Johann Sebastian Bach.

Boed iti benmlwydd hapus,
  A dos i westy crand,
Ciniawa gyda'th gymar
  Yn 'Simpson's in the Strand';
A boed y wledd fan honno
  Mor hyfryd it, fy mach,
Â gwledd o hen breliwdiau
  Johann Sebastian Bach.

Ac wedi cyrraedd adre—
  Casét o fiwsig pêr,
Preliwd a Ffiwg gynhyrfus
  Heb gymar is y sêr;
I ben dy flwydd cei felly
  Yn hyfryd ganu'n iach,
Yng nghwmni hoff dy frenin—
  Johann Sebastian Bach.

Gorffennaf 12, 1990

# CYFLWYNEDIG I BWYLLGOR DIRWEST LLŶN AC EIFIONYDD

'Rwy'n falch na chaiff y tafarnwyr ddim llonydd
Gan Undeb Dirwest Llŷn ac Eifionydd:
Mae'r cnafon yn gwelwi bob yr un
Rhag rhengoedd dirwestol Eifionydd a Llŷn.

Mae'n dda fod yr Undeb yn cadw twrw
Am fod pobol ag wyneb megis haearn bwrw
Yn llyncu whisci wrth far y Meitar,—
Mil gwell tinctir riwbob a spirit neitar.

Ac 'rwy'n falch (os caf ddweud y peth yn fydryddol)
Y trefnir eto Gymanfa Flynyddol;
Mae pwyllgor yr Undeb am weld stop tap,
Onid e, ar eu llw, mi fytan eu cap.

Ac mae'n rhaid wrth Gymanfa a phwyllgor ysbeidiol
I wneud y trefniadau sydd mor angenrheidiol;
Mae pwyllgor, mi glywaf i fod ym Mhenmount,
Ac nid ydyw hynny, siŵr iawn, yn ddigownt.

Ond mae 'ngofid i, ffrindiau, yn fawr goblynedig
Na alla'i ddim dod ar y dydd penodedig.
Ond rhwydd hynt i'r pwyllgor a'u llafur blin,
Bydd eu gwobr ryw ddydd megis hen, hen win.

Mawrth 11, 1965

# NOSWYL Y GWAS

Bu'n gweini ar dair o ffermydd
   Y Meistr, ar ei stad,
A'r rhciny yn rhai breision
   A chlodwiw yn ein gwlad:

Un fferm ym Mhentrecelyn
   Yn Nyffryn clodfawr Clwyd,
Lle bu'n llafurio'n ffyddlon
   I godi i'r saint eu bwyd.

Mynd wedyn i Borthmadog,
   Bro Eifion Wyn, i fyw,
Yn was i roi i'w Feistr
   Wasanaeth o'r iawn ryw.

Di-arbed fu ei lafur
   Gan hau a chasglu'r grawn,
I'r werin ar ei chythlwng
   Gael maeth o sgubor lawn.

A'r un fu'r hanes wedyn,
   A'i lafur yr un maint,
Pan ddaeth i fferm y Meistr
   Yn Engedi, Caersaint:

Fe borthodd ein heneidiau
   Â nefol ŷd a haidd,
A chadw'r ddafad gorniog
   Rhag tarfu ar y praidd.

Am hynny gwelir heno
   Ragor na gwledda'n fras,—
Sef tyrfa o gyfeillion
   A ddaeth i ddweud 'Da was'.

Ar achlysur swper ffarwel y Parchedig Trefor Jones, Caernarfon,
Ebrill 9, 1990

## G. M. LL. DAVIES

Llachar y weledigaeth
A'i gyrrodd ef o'r banc,
O'r math a yrrodd wŷr cyn hyn
I ddiwarafun stanc,
Gan chwennych yn ddiŵyro'i fryd
Gyfran o drymion feichiau'r byd.

Am hyn yn Llwyni'r Wermod
Mewn cyfyng gell y'i caed,
'Rôl meddwi ar faddeuant
Yn nydd y tywallt gwaed,
A'i farnu'n fradwr brwnt i'w dras
Am sôn am gymod ac am ras.

Fe aeth i ganol tlodi
Trealaw a'i sarhâd,
I frwd fegino gobaith
Yng nghalon gwerin gwlad;
Hwythau'n bywhau o weled hwn
Yn rhoi ei ysgwydd dan eu pwn.

Ond sathru ei weledigaeth
A fu drwy fynych wawd,
A hynny'n faich rhy arw
I ysgwydd o waed a chnawd:
Troi sychau'n gleddyfau, greulon groes,
A dorrodd ei galon yn niwedd oes.

Cerfiwch ei enw bellach
Ymhlith breuddwydwyr ffôl,
A methiant gogoneddus
Fu pobun sydd ar y rhôl:
Ond gloywach fydd siawns y byd drwy'r rhain,
Fendigaid urdd y goron ddrain.

# Y GLORIAN

Pan ddêl ein taith i ben bydd chwerw'r blas
Yng ngenau'n plant a'n hŵyrion, gyda'u cof
Am remp ein goruchwyliaeth. Dedfryd lem
A roddant arnom, a'n heneidiau'n noeth,
Heb gerpyn yn ein dwylo i guddio gwarth
Ein collfarn.

Ein cyhuddo a wnant o gloi
Ein gorlawn ysguboriau rhag y tlawd,
Wedi in fedi'n llwyr holl gonglau'r maes
Heb adael yno ddim i draean byd
Oedd ar eu cythlwng.

Ar ein gwar fe lysg
Fflangell eu dicter llym pan ddêl i gof
Warth ein dihidrwydd wrth in weld y byd
Yn cael ei lygru heb in godi bys
I'w arbed ddim; olew'n halogi'r traeth,
Llygru afonydd gloywon, gwenwyn cudd
Yn glawio o'n pwerdai. Truan dynged
I fyd a roed i'n gofal, byd ein plant
A'u dilys etifeddiaeth.

Ffromi a wnant
Wrth gofio inni elwa ar frwydrau'r byd,
Gan werthu offer Angau yn y ffair
I ddwyblaid pob ymryson, gyda gwên,
Yn amhartiol,—er ein huchel lef
Dros godi pontydd cymod ryw ddydd pell
Pan fydd y byd yn aeddfed.

Ond fe all,
O weld yr adfyd hwn a'n daliodd ni,
Y gwelant hwy yn eglur sarnau'r gors
Y disgynasom iddi, sarnau a'u dwg
Drwy ganol pob enbydrwydd tua'r tir
Y gwelsant arno'u gwyn.

Ac yn y man,
Â threigl blynyddoedd wedi lleddfu'r cof
Am ein stiwardiaeth, pwy a ŵyr na ront
Inni eu pardwn? Yn ein hienctid hoyw
Fe gawsom ninnau olwg ar y berth
Sy'n llosgi heb ei difa, a chlywed llais
A'n galwai i groesgadau. Ond gofal byd
A syrthiodd arnom megis barrug gwyn
A mygu fflam y galon. Gwae nyni.

# BREUDDWYDION

Henaint, o ladron daear
Yw'r 'sgafnaf oll ei droed,
Ni chlywodd neb o'r meina'i glust
Siffrwd ei wisg erioed.

Bu hwn yn hir yn gwarchae
Fel llwynog yn gwylio'r ŵyn,
Gan ffroeni'i siawns i ddyfod
Arnaf o lech i lwyn.

Ofer pob bollt ar ddorau,
Ac ofer, pob rhyw glo
Pan sleifio ar ei drywydd
I'n dala pan ddêl ein tro.

Ac ofer gan ei gryfed
Amddiffyn ein truan wâl,
Y foderneiddiaf fyddin
Rhag dyfais hwn ni thâl.

Daeth bellach ar fy ngwarthaf
Yn llawn o driciau'i drâd,
A'm rhwymo'n ôl ei gynneddf
Â rhaffau dinacâd.

Darfu yn awr fy nhrafael,
Drws carchar yw fy nôr,
Lle bûm yn rhydd fel awel
Y mynydd a gwynt y môr.

Ond er mai teyrn diymod
Yw Henaint, diau y gwn
Fod gan y byd ei benffrwyn
Addas ar gyfer hwn.

Mewn breuddwyd caf ehedeg,
Er gwaetha'r cnaf a'm clodd
Rhwng pedwar mur f'ystafell,
I fannau wrth fy modd:

Hedfan dros fryniau Amser
O afael Henaint hell,
A gweld wrth fodd fy nghalon
Ddoe ac yfory pell.

# CYMRU

Pan glywaf rai'n darogan
Hunllefus ddyddiau draw
Sy'n disgwyl wrth fy henwlad
Lleinw fy mron â braw:
Ac oni ddêl yn fuan wyrth
Paentiwch 'Ichabod' ar ei phyrth.

Gwae fod ein plant heb fedru
Ein heniaith bêr, a thrist
Eu gweld yn colli'r allwedd
A egyr inni gist
Lle mae trysorau'n llên ar gael,
Trysorau ein treftadaeth hael.

Dyrnaid o garedigion
Sy'n brwydro i gadw'n tir,
A chlywais ddweud bod argoel
Y methant cyn bo hir,
Un dynged â'r dewrion ifanc ffraeth
Na ddychwelasant o Gatráeth.

Ond pan fo'r dwys bryderon
Yn peri i obaith ffoi,
Daw eto siawns ymwared
A gweld y frwydr yn troi,
Gweled megino yn y man
Yn fflamau byw ein gobaith gwan.

Er garwed fyddo'r ymdrech
Yn rhengau'r frwydyr boeth,
Ac er mor ddu y byddo'r
Holl ddaroganau doeth,
A garo Gymru hyd at gur
A fydd o'i chylch yn gadarn fur.

Ganol mis Hydref eleni mi drois i mewn i Gapel Charing Cross, lle mae Clwb Nos bellach dan yr enw 'The Limelight'. Wrth gofio'r hen gymdeithas a addolai yno gynt fe'm llanwyd â thristwch. Ymgais i leddfu hynny yw'r gân hon (Hydref 1989).

## CAPEL CHARING CROSS

(1 Samuel 4: 21)

Mae enw newydd bellach
Ar Gapel Charing Cross,
Ond ar ei byrth ICHABOD
A weddai'n well heb os.

Fe gyfarfyddem yma
Yn gyson slawer dydd
I ganu yn sŵn yr organ
Emynau mawr y Ffydd.

A dyma'r lle y deuem
I sŵn Efengyl lawn
O enau'r Gweinidogion
A goslef daer eu dawn.

'Roedd yma dorri'r Bara,
Tywelltid yma'r Gwin,
Yn llawn o fitaminiau
Ar gyfer enaid blin.

Ond yma ni cheir bellach
Na'r Gwin na'r Bara gwyn,
A darfu'r gân wefreiddiol
A'r bregeth erbyn hyn.

Gwae inni weld anrheithio
Y lle fu'n Dŷ i Dduw:
Y dynged ddreng a'i daliodd
Tristach na thristwch yw.

## Y MORWR

Bid ben, ein llawen fab Llŷr,
A cherdd foliant i'w antur
Eiliwn bawb o galon bur.

Er erioed morwr ydoedd,
Plentyn llawn blys awchus oedd
Am erwau gwyrdd y moroedd.

A haerai y deuai dydd
Y cai weled y gwledydd
Teg hinon dros eigion sydd.

Daeth siawns i ado'r oror,
A gwyched myned i'r môr,
Dihengyd, codi angor:

Troi y bow ar bellter byd
A rhyfedd antur hefyd,
A'i gân yn ddewrder i gyd.

Dewr yw yn anad yr un,
A'n porth glew rhag pob newyn
Ac eisiau, diau yw'r dyn.

Drwy fydau dirifedi
Hyd eigion oer dwg i ni
Ŷd, gwenith i'n digoni;

Daw â llwyth o flawd a llin—
Er rhwygo o'r gwynt ei rigin—
A chigoedd gannoedd a gwin;

Coed a metel yn helaeth,
A rhagor, o dramor draeth
O'n dewis farsiandiaeth.

Er cledi Ewroclydon
Nid ofna'r faith daith a'r don,
Rhwyga ei fow yr eigion.

Ni ddichon gelynion lu
Er pob rhyw arf ddim tarfu
Ei hyder uwch dyfnder du.

Ar hyn fe hwylia i'r Anwel,
Deithiwr mawr, a'r awr yr êl
Deued i'r Hafan dawel.

# DADENI

Nac wylwch dros Gymru,
Wŷr y graffiau drwg eu darogan
Sy'n ymgreinio gerbron eich compiwterau,
Bob yn ail â'u bwydo
Â sacheidiau o wybodaeth am Gymru,
Ac yn clywed yn gyson o'u crombil
Gyhoeddi'r Nemesis agos.

Yr un modd, feirdd sy'n wylo drosti,
Weithiau wrth fanylaf reol eich cynganeddion,
Weithiau yn y delyneg gynnil, grefftus,
Heb ŵyro oddiwrth y canonau gosodedig,
Dro arall yn y wers rydd
A'ch galar yn chwalu dros y terfynau.

Nac wylwch drosti,
Hynafgwyr crwm sy'n tacluso'r fynwent
A chyweirio gwely'n y pridd ar ei chyfer:
Ni bydd iddi yma ddinas barhaus,
Canys nid o bridd y daeth.

Yr Un sydd yn Feddwl yn y cread
Ac yn Oleuni ym mhob ymennydd,
Yr Un a dorrodd gyntaf ar ddistawrwydd
Wrth ddywedyd 'Bydded' ym more'r byd,
Hwnnw a'i dychmygodd
A phlethu iddi enaid
O rywiog ddieithr ddeunydd.

Nid o flodau'r deri,
Na blodau'r banadl,
Na blodau'r erwain,
Y creodd y Flodeuwedd hon,
Eithr o ddychmygion ei anwyldeb
Ac o'i amcanion pell;
Anadlodd yn ei ffroenau hi
Anadl ei einioes ei hun,
A'i chynhyrfu â bywyd.

Ac yna yn y man ei gollwng
I fyw ei heinioes yng nghylchdro'r Ysbryd,
Lle na ddelid moni byth yn ddiddihangfa
Yn rhwyd mân Marwolaeth,
Na bod ychwaith dan ddormach Amser
A'i oriogrwydd dihid.

A chynneddf a roes iddi:
Syrthied y nefoedd,
Er ei gwadu a'i gwerthu
A'i dedfrydu gan farnwyr oerfalais,
Croes gan garennydd
A bedd gan gaseion,
Cloi'r bedd heb ochenaid
Ond ochneidiau rhyddhad,—
Yn nhrywydd ei chroglithiau oll
Doi trydydd dydd ei dadeni.

Ni ryfygai Angau ei rhwydo
Na'i bwrw i'w ddaeardy,
Canys tasg a rychwantai ganrifoedd
A roed ar ei chyfer:
Dilyn ei Gwneuthurwr
Lle bu cwlltwr ei aradr yn rhwygo,
Wanwyn ar ôl Gwanwyn, oesoedd y byd,
Lle priddodd had ei feddyliau
A chyfrinachau anwylaf ei galon.
A phan fyddai wyn y cynhaeaf
Gywain ohoni'r ysgubau disgwylgar
I'w llawr dyrnu ei hun,
A'r grawn i'w melin,
Fel y byddai ganddi i'w gynnig
Fara angylion Duw.

Helaeth ei chynhysgaeth:
Y darn hwn o'r byd yn bentiriaeth
I'w mwynhau
A'i gwarchod,
A'r brawychus degwch rhwng y mynyddoedd a'r môr
Yn waredigaeth iddi,
Rhag anghofio ohoni un amser ei dechreuad
Yn nychymyg aflonydd ei Gwneuthurwr
Ac ym mhlethiad ei feddyliau,
Na gollwng dros gof orchwyl a roed iddi,
Yn warant ei dadeni.

A lleferydd a roes iddi,
Seiniau llawn miwsig
A dulliau mirain
A hudolus oslefau.—
Organ lawn i fyseddu clod ei Dychmygwr
A'i creodd o gyfryw ddefnydd,
A'i breinio â'i gorchwyl
Ac â'i rhyfeddol gynneddf.

Eithr nid trymach yn Arberth
Faich Rhiannon wrth esgynfaen ei phenyd
Na thynged y Gymru hon
Gydol y canrifoedd diollyngdod:
Canys ni wawriodd cyfrinach ei thras
Ar neb onid y gweddill crediniol,
Na synhwyro o neb
Onid y praidd bychan
Ei chynneddf sy drech na Marwolaeth.

Unfryd y doethion
A'r dyrfa fawr ddi-farn:
O'r pridd y daeth
Ac i bridd y dychwel
Heb ddim ar ei hôl
Ond ias o chwithdod diflanedig
Yng nghalon y cyffredin mud:
A choel ei dechreuad pell
A thrydydd dydd yn dilyn ei chroglithiau
Yng nghylchdro'r Ysbryd
Yn ddim ond tipyn o gŵyr
A dawdd ar fyr iawn o dro
Yn ffwrneisiau real y baradwys dechnolegol.—
Nid yw hi'n neb arbennig iawn.

Maidd y diletant chwarae â hi
Gan ei mwytho ar adegau penodedig,
Yn awr ac yn y man:
Wrth gofio'r Dyfrwr yn flynyddol ddi-feth,
A di-ympryd,
Ac wrth rygyngu'n flynyddol wlatgarol
Ddydd y Coroni, Dydd y Cadeirio
Ar faes ein Hascot ni.

Eithr nid yw Cymru yn eu holl feddyliau,
A'i throi heibio a wnant
Megis dilledyn,
Nes bod galw eto amdani,—
Nid yw hi'n neb arbennig iawn.

Felly ei gwleidyddion,
A'i câr, meddir, i waelod yr enaid,
Eithr ei charu heb anhunedd,
Heb wayw,
Na bwrw briwsionyn o'u bara ar wyneb y dyfroedd.
Anhymyg iddynt ei thras a'i thrysor,
Fel y Goets Fawr yn nydd y drafael i'r lloer,—
Nid yw hi'n neb arbennig iawn.

Ffwdana ei hoffeiriaid
Wrth iro olwynion y peiriant,
Gan obeithio cadw'r Achos ar fynd
Am ryw sbel fach eto.
Byddar gan sŵn y peiriant,
Ni chlywant mo'i llais rhybuddiol hi
Yn sôn am wyrth ei dechreuad,
Am orchwyl ac am ddadeni.
Sut bynnag
'Does fawr o amser i ramantu
Â'r peiriant pwysig mewn perygl.—
Nid yw hi'n neb arbennig iawn.

Trwm ys gwir y baich a ysgwydda Cymru,
Baich anghrediniaeth ei deiliaid.

Er chwilio o belydrau ei lantern
Gonglau pellaf ei phentiriaeth,
Prin yw cred.
A dyfala'r gwybodusion
Pa hyd y pery curiad ei chalon bellach
Â hithau'n crwydro yn llafur y diwedd,
Gan sibrwd am fyd yr Ysbryd
Lle gwelodd oleuni dydd gyntaf erioed,
A rafio'n fyngus
Am degwch atgofus y stad,
Am ysgubau meddwl i'w cywain,
Am lawr dyrnu a melin,
A bara angylion,
A dianc ar Angau
Y modd ni ddichon yr eryr gwyllt.

Daw'r apothecari'n ufudd
I fyseddu ei garddwrn
Yn ddiagnostig ddoeth,
A'i ddedfryd ddiyfory
Fel cnul.

Daw'r twrnai yntau
Â phwyll proffesiynnol yn ei gam
Hyd y carped dwys:
Eithr llyf ei wefusau'n slei bach
Gan gofio'r cwsmeriaid gwancus
Sy'n hirddisgwyl wrtho;
Canys gwelsant eu gwyn ar y stad
Gyda'i golud melyn o gnydau,
Mwynau yng nghist ei daear,
A bwrlwm ffrwydrol yr olew
A lechodd gyhyd yn ffynhonnau'r môr.

Eithr wedi'r goslefu di-darnnoeth-teg
A chyhoeddi bod y sioe ar ben,
Wele'r Gymru hon,
Y cyweiriwyd gwely pridd ar ei chyfer
Yn gwingo'r dwthwn hwn
Wrth ei geni drachefn
Yng nghalon ei charennydd,
Y gweddill crediniol sydd undonfedd â hi,
Y praidd bychan
Y fflachiodd ei chyfrinach arnynt,
Ienctid a gred i'w thras
Ac i gylchdro'r Ysbryd.

Yn sŵn hwiangerddi galarnad
Y sugnodd y rhain fronnau llaethog gynt,
Eithr mae hyder yn eu calon
Fod i Gymru lawer yfory,
A threnydd a thradwy,
A sicr warant ei dadeni
Yn y cynhaeaf a erys wrthi.

Y fintai grediniol hon,
Nis parselant
I fargeinio â hi wrth gownterydd proffidiol.

Taer y chwiliasant
Nes taro ar dderw pur ei chyfrinach,
Yna'n gelfydd gan gariad ati
Yng ngweithdy eu myfyrdod
Naddasant erddi brydyddiaeth ddiledryw.

Yng nghynnwrf eu cordiau cerdd
Clywir hi'n ymysgwyd
Wrth dreigl y maen.

Hyddysg yn ei hynt a'i helynt,
A chyfarwydd â'i llen,
Adnabu'r rhain ei hucheldras
A'i ddelweddu mewn metel a maen,
Mewn maen a marmor.

Ar gynfas liwgar, fentrus
Daliodd y rhain gyfaredd ei phentiriaeth
Â phaent eu serch a'u syndod.

Hwy sy'n gwarchod yr allor yn nydd yr encil
Rhag diffoddi o'r fflam,
Ac nis gadawant er gwobr na gwawd,
Gan drysori pethau ni welir
Ac nad oes a'u pridda.

Hwy yw'r gwleidyddion newydd
Na ddaliasant erioed ar gyfeiriad gwamal y gwynt,
Ni orfoleddant ar bennau'r tai
Nac ar gonglau'r heolydd
O gariad ati.
Fe'i carant heb fand na baner
Na neidio ar wagenni ffasiynnol;
Mewn llys barn y gwleidyddant,
A seneddu mewn celloedd cosb,
Â'u cred fel blodyn gwyn y Gwanwyn
Yn brigo drwy'r concrit oer.

Yng nghalon y carennydd hyn
A'u cymrodoriaeth grediniol,
Yno y mae'r dadeni.

Na alerwch dros Gymru,
Ddaroganwyr y Nemesis agos
A'r marwnadwyr di-alar,
Ac ewyllyswyr ei thranc
Sy'n cyweirio ei gwely'n y pridd:
Wylwch o'ch plegid eich hunain
Ac oblegid eich plant,
Am nad adnabuasoch mo'r Gymru hon
Na gweld y patrwm.

Fe'i beichir eto ag anghrediniaeth ei deiliaid,
Fe'i gwerthir a'i gwadu
Gan y rhai a sugnodd ei bronnau;
Fe'i sarheir eto gan yr anwylo ysbeidiol,
A'i throi heibio megis dilledyn.
Daw crefftwyr profiadol i saernio'i chroes,
A rhofwyr ei phridd.

Eithr bydd ei Gwneuthurwr yn aredig,
A hau yn nyfnder y pridd ei gyfrinach
A bwriadau ei galon;
Bydd ysgubau ei feddyliau'n disgwyl wrthi
I'w dwyn i'w llawr dyrnu,
A'r grawn i'w melin,
Fel y gallo hi dynnu o'i ffwrn
A'i dafellu i'r anghenus
Fara angylion.

Hithau
Gan eilfyw yn y rhai a'i câr,
Wrth ei hen gynneddf
A gyfyd at ei gorchwyl.

# AWDL FOLIANT

## MORYSIAID MÔN

Aed y mawl ar led ymhell—am a fu
Y triwyr hynny o Bentre Eiriannell;
Mawrhawn dri Chymro union
A thanbaid, Morysiaid Môn.

Lewis Môn drwy'i aml ddoniau
Fe gaiff hwn ei hir goffáu;
Athro galluog ein llên,
Ŵr diwyd, euraid awen,
I'n gwlad tŵr disigl ydoedd,
Pendefig dysgedig oedd.

Bydd molawdau, seiniau serch,
I Risiart, gŵr o draserch,
A fu dŵr Cymrodorion
Ei ddydd, a'u Penllywydd llon.
Dros Gymru'n amgen cennad
Nag efô pa Gymro a gad?

A Gwilym, mawr y gelwir
Enw hwn, a chofio'n hir
Ei hoffter o arferion
A hanes maith Ynys Môn;
Môn ddinam, carai'i thramwy,
O'i fodd ym Môn cadd fedd mwy.

. . .

Canfu'r triwyr wlad eu treftadaeth,
Hudol waddol ei hetifeddiaeth,
Yn nhegwch gweledigaeth megis gwawr
A ddeuai yn awr diddan hiraeth.

Ardal hafal i'w bro gynefin
Ni chaent er gado'r oror erwin;
Drwy eu hoes yr oedai rhin bro eu maeth,
A phur eu hiraeth, dri phererin.

Awch o'r awydd am hen chwaraeon
Y fro a'i gŵyl, a'i difyr goelion,
Hiraeth am ei harferion dihenydd
A gwin newydd ei hen ganeuon.

Daeth o garu Môn a'i thirionwch
Y weledigaeth hael o degwch;
Hon oedd Ynys Diddanwch, a'i choed fyrdd
Yn loyw a gwyrdd glog o harddwch.

Rhithiai Derwyddon Môn rhwng meini
Eilwaith, â'u gwaedd yn plethu gweddi;
Doi eu rhad i'w cheinder hi, ba ryfedd?
Yn naws a hedd hen oesau iddi.

Yna Gwalia'n hawddgar y'i gwelynt;
Eos hwyrnos a'i hudlath arnynt
Oedd ein llên fu gymen gynt; hen hanes,
Diau a roddes hyder iddynt.

Canfu'r triwyr wlad eu treftadaeth,
Hudol waddol eu hetifeddiaeth
Yn nhegwch gweledigaeth megis gwawr
A ddeuai yn awr diddan hiraeth.

. . .

Ond truan gwelai'r triwyr
A mawr ei cham Gymru a'i chur
Y dydd y'u ganed iddo,
Gwelsant ei ffyniant ar ffo.

Diau'n wir eu gado a wnaeth
Degwch y weledigaeth:
Bu hoywedd, ei gwedd sy gul,
Ddoe'n wych a heddiw'n wachul.

Nawdd a gai gan fonedd gynt
Yn rhwydd cans gwlatgar oeddynt,
Â'i gwerin o wir gariad
Am roi i hon eu mawrhad;
Heddiw'n glaf heb ddiddan glod
Na neb sydd yn adnabod
Ei hystad, oedd faith ei stôr,
Na'i thras, na'i llên na'i thrysor.

Iaith ei beirdd aeth heb urddas,
Erlid a gofid a gas,
A'i hanes, mawrfri unwaith,
Ni pherchir, ni chofir chwaith.

Hi oedd yn wych, a ddoi'n ôl
Y ffyniant o'i gorffennol?

Gymru dirion, tri fu'n gwirioni
Ar ddoe'i harddwch a guriodd erddi;
O edrych ei hirnych hi, wlad firain,
Daeth y rhain i adwy'i thrueni.

Trwy lafur oes rhoes y Morysiaid
I'r Iaith ei hynni, gwyrth i'w henaid;
Harddwch hen iaith Penceirddiaid dewinol
A ddeuai'n ôl wrth fodd anwyliaid;

Casglu'n ddibaid euraid drysorau
O'n mireinwych gywrain femrynnau,
A gogoniant rhamantau lledrithiol
A gwin o'i hudol hen ganiadau.

Hen, hen oesoedd gwlad a hanesion
Doe a chwilient i godi'i chalon,
A chynnau gobaith weithion, wŷr eiddgar,
I'w hoes glaear â hanes glewion.

Ar hyn diau i'r werin daeog
Y deuai hyder doe odidog;
Eu gwlad oedd dra goludog a chlodfawr,
Fe droi hon yn awr yn Dir na Nog.

Buont hael wrth ddiwael addewid
Pob awen ieuanc a'r ieuanc wrid;
Mygu'r awen gynhenid ni fynnent,
Mwyn y gwylient y man y'i gwelid.

I achub cam eu mamwlad
Yn llu gynt eraill a gad;
A'r rhain, mae'r gwŷr a'u henwo
Hwynt i gyd? Nid ant o go'
Yn rhengoedd mud yr Angau,
Gymry hoff, teg eu mawrhau.

Moliant sydd am gywydd gwin
Yn bêr gân uwch Bro Gynin,
A mawrfri ar Salsbri sydd
A hael ydyw ei glodydd;
Molant Gansel Llanelwy,
A'r Wybrnant fe'u molant mwy;
Ac unwedd mawl a ganwyd
Ag un llais i Forgan Llwyd;
Teyrnged i'r Perganiedydd
A'r awen sant pêr iawn sydd;

Yna i'r fun o Ddolwar Fach
Am gân heb ei hamgenach.

O chofir eu dyrchafu
Drwy ein gwlad, yr enwog lu,
Os dylêd o deyrnged oedd
Eu henwi fel brenhinoedd,
Bydd mor ddiweniaith weithion
Glod euraid Morysiaid Môn.

Y trimab lle bu'u tramwy
Ym mro'u maeth a'u hiraeth hwy,
Eu cofadail gyfodwyd
Yn unig lefn garreg lwyd.
Ond hwy eu clod na'r garreg
Ar y twyn a'i geiriau teg,
Eu clod pur, driwyr o dras,
Yw eu mynych gymwynas.

Adfer glendid i'r gymen heniaith
A'r hoyw ynni,—bu'n marw unwaith;
Yn wastad o'u gorchestwaith iddyn bydd
Glodydd o orfydd oesau hirfaith.

Nhw ar redeg a ddoen' i'r adwy,
Yno nerthent fardd â'u cynorthwy:
Clodforedd i'w haeledd hwy, oesau maith,
Daw o gywreinwaith hyfryd Gronwy.

Onid erys i'w coffadwriaeth
Eirda heddiw yn ein prydyddiaeth?
Dilys ei mawr hudoliaeth, sy deced,
Daw o'u hael nodded i lenyddiaeth.

Dyry Yfory i dri fu eirias
Fawl gwiw am union hael gymwynas,
Ein troi i gydio'n ein tras, gwybyddwch,
Diau harddwch ein doe a'i urddas.

Am a roes y Morysiaid
Moliant diffuant ni phaid.
Aed y mawl ar led ymhell
I riniau Pentre Eiriannell:
Boed ef ymhlith cartrefi
Ein harwyr a'n noddwyr ni.

(Awdl Cadair Môn 1952)

# YR HEN EGLWYS

Hen eglwys heb neb yn tywyllu ei dôr
A saif uwch y marian lle bu môr;
Saif megis gwyliwr sefydlog drem
A fferrodd gan arswyd rhyw dynged lem.

Hi sylla draw at borth y bae
Lle ciliodd y môr i wylo'i wae,
Lle ciliodd ei donnau'n lleng ar leng
Yn orchfygedig mewn brwydrau dreng,
Hen frwydrau digymrodedd hir
A fu erioed rhwng y môr a'r tir.

Lle saif yr hen eglwys bu sanctaidd wŷr
Yn plethu o wiail eu pedwar mur
Yn seintwar yma gynt rhag pwys
A gwres y dydd, wrth baderau dwys.

Naddent â'u llaw eu hallor wen
A naddu'r un modd y Groes o bren,
Gan borthi tlodion oddi draw
Beunydd â'r un drugarog law.

Gweddi a llafur a myfyr mawr,
Bob un ar benodedig awr
Oedd yma gynt, a siant y côr
Wrth gyfeiliant organ ddofn y môr.

A chwedi treiglo llawer oes
Codi eglwys o faen o dan ei chroes,
Lle doi gwerin eiddgar wedi eu gwadd
Gan dinc y gloch uwch y cerrig nadd:

Doi yma'n fynych ar lesgau
Â drysau daear wedi'u cau,
Am Fara o law drugarog, gref,
A Gwin o rawnwin gwinllannoedd Nef.

Cai blwc i wynebu byd drachefn
Mewn hyder a ddaeth o weddi lefn,
Ac o ryfedd ddiamgyffred rin
Oedd yn yr afrlladen ac yn y gwin.

Yma yn sŵn y Gair y cad
I'r werin dan orthrwm dinacâd
Warant ei rhyddid rhag pob teyrn
A fynnai ei chloi mewn gafaelion heyrn.

Yma bu cysgod dros ei hiaith
Y bu'n ei hystofi ar hyd ei thaith
Yn batrwm amryliw wrth ddiffael reddf
O feddyliau ei chalon, llon a lleddf.

Yma dychwelai serch pob un
At rai a garodd uwch hoedl ei hun,
I ddarllen hen gerfiadau plaen
Celfyddyd hiraeth ar y maen.

Pa ryfedd fod llwybrau o bob man
Yma'n cyfarfod wrth borth y Llan?
'Roedd popeth y werin tu fewn i ddôr
Y Llan uwch y marian, yn sŵn y môr.

. . .

Ond llwybrau a dorrodd gwerin
Tuag yma o bob man,
Ni chyfarfyddant mwyach
Yn ymyl porth y Llan:
Nid ynt i'w gweled, drwg yr hap,
Ond yng ngwrymiau melyn rhyw hen fap.

'Dyw hiraeth ddim yn tynnu
Neb yma fel o'r blaen,
'Does neb yn poeni bellach
A dreiglir yma faen;
Rhai annwyl gynt dan lawer trwch
Sydd yma'n anghofiedig lwch.

I'r werin ni rydd hanes
Y fro ddim cyffro'n awr,
Y mynaich gynt a'u seintwar
O wiail pleth nis dawr,
Na'u gwaith yn cadw'r fflam ynghyn
Am oesoedd ar allor ar y bryn.

Yr iaith a gadd ei noddi
Gynt wrth yr allor wen,
Daeth dyddiau ei syberwyd
Yma yn llwyr i ben:
Estroniaith garpiog a'i seiniau cras
A sieryd y werin na ŵyr ei thras.

Nid tua phorth yr eglwys
Pan fyddo ar lesgau
Y try y werin mwyach
Â drysau byd yn cau;
Gwell ganddi ei phanacea'i hun
I leddfu hen ofidiau dyn.

Hen eglwys a'i phaderau
A'i hallor wen a'i chroes,
A'i rhyfedd feddygyniaeth
At newyn llawer oes,—
Fel dibris froc y môr yr aeth
O gyrraedd y llanw ar ucha'r traeth.

. . .

Yr eglwys lwyd, ddihenydd
Ei godidowgrwydd plaen,
Rhyw ddydd fe lwyr ddatodir
Ei muriau fesul maen:
Ei chludo i ryw Sain Ffagan
Draw, wrth wyddonol drefn,
A'i gosod wrth ei gilydd
Oll, fesul maen drachefn.

Pan ddelo hyn fe erys
Ei muriau a'i bregus ddôr,
A bydd yno Groes a chlochdy
A changell fel cynt, a chôr:

Hi gaiff ddi-baid ymgeledd
Fan honno fel sydd wiw,
Ac erys yn ddianaf
Gamp ei ffenestri lliw.

Ond ni bydd y gloch yn gwahodd
Neb dan ei faich bryd hyn
I'w chorau derw na'i changell
Fel pan oedd y fflam ynghyn.
Hen eglwys, hi saif o'r neilltu
Yng nghwr y parc yrhawg,
Heb neb a gais afrlladen,
Na'r gwin fu yn ei chawg.

Hyd hynny, heb neb yn tywyllu ei dôr,
Hi saif uwch y marian lle bu môr,
Y môr a giliodd i borth y bae
Ar ôl y brwydro, i wylo'i wae.

# Y MIKADO

Yn y Savoy Theatre yn Llundain, ganol Hydref 1989, gwelais Gwmni D'Oyly Cartre yn perfformio Y Mikado, gydag Eric Roberts yn Brif Ddienyddiwr Tref Titipu. Wrth weld a chlywed Eric, daeth i'm cof ei daid, William Roberts, Rhydlios, a'i dad, y Parchedig Meurig Roberts gynt. Hynny a barodd imi sgrifennu'r gerdd hon.

Cofiaf y parch a gâi dy daid
Am gamp ei grefft yn saer ei fro,
Offer i ffermwyr wrth eu rhaid
A dodrefn bythynnod a luniai o:
A thu fewn i'w filltir sgwâr ei hun
Bu fyw i wasnaethu gwerin Llŷn.

Yntau dy dad, heb ŵyro o'i fryd,
I'w weinidogaeth yr ymróes,
Gan estyn i golledig fyd
Yr iachawdwriaeth sy'n y Groes;
A'r Cristion ffraeth a llawen hwn
Fydd byw yn hir yn ein serch, mi wn.

Fe'th welais dithau mewn dawns a chân
Yng nghwmni Mikado Y Savoy,
A ninnau'r dorf mewn syndod glân
Am oriau wedi'n llwyr gyffrói,
Nes inni, wedi anghofio'n cur,
Ymgolli mewn diddanwch pur.

Felly yn sgript rhyw arfaeth hir
Mae siawns i ddyn gael byd gwerth chweil,
Drwy lafur cymwynaswyr gwir
A llwyr ddiarbed, pawb â'i steil:
O'r byd a'r betws y daw'r criw
Sy'n perthyn i'r olyniaeth wiw.

## REBECCA

Mor rhyfedd ydyw meddwl
Dy fod, fy ŵyres deg,
O heddiw 'mlaen yn llafnes
Sy'n bedair blwydd ar ddeg:
Mae hyn yn wir yn mynd â 'ngwynt,
Fel doe y cofiaf d'eni gynt.

Heddiw yng nghwmni ffrindiau
Cei hwyl, llond llawer sach,
A gwn na byddwch ddistaw
Fel haid o lygod bach:
A bydded hwn, O, gwyn dy fyd,
Yn goron ar dy ddyddiau i gyd.

Llawen y bo dy ddyddiau
Pan fyddo heddiw ar ben,
Ac wrth dy fodd y byddo'r
Yfory sydd dan len:
A rhoed pob trannoeth iti'n hael
Bob trysor sydd yn werth ei gael.

Dal ati fel pysgodyn
I nofio yn y dŵr,
A hwylia'r cwch yn fedrus
Ar lyn a môr, bid siŵr.
Llywia dy gwch yn hwylus braf,
A chwim fel Llwynog Bardd yr Haf.

Dal at gerddoriaeth hefyd,
Oblegid ffortiwn fydd,
O'r clarinet tyn fiwsig,
Boed lawen neu boed brudd:
Na foed dy biano byth dan glo,
Na ro dy ffidil yn y tô.

# RHIGWM PEN BLWYDD (MEIRION)

Addas yw clymu heddiw
Ar fore pen dy flwydd
Barsel o ddymuniadau
Mewn rhigwm bach go rwydd.

Bydd Shân a thithau heno
Yn gwledda yng Nghraig y Parc:
Yn flasus y bo'r llysiau
A'r golwyth o gig sharc.

A heddiw yn dy swyddfa
Dan y Wladwriaeth Les,
Todded dy fil problemau
Fel eira gwyn mewn gwres.

Pan fyddi mewn gêm rygbi
Cofia ddyfarnu'n deg,
A gwylia rhag traflyncu'r
Bîb honno sy'n dy geg.

Clywais dy fod ar hwylio
Ar fwrdd y Q.E.2:
Pasiffic iawn y byddo'r
Atlantic, ar fy llw.

Ac os daw cyfle arall
Mi yrraf rigwm rhwydd
O ddymuniadau'n barsel
Ar fore pen dy flwydd.

# HYNAFIAID

Pan fo fy nydd fel hirnos,
A'm haul ynghudd dan len,
Pan fwyf yn ddi-yfory
A gweld fy myd ar ben,
Mi gofiaf am hynafiaid
A droediodd y byd o'm blaen,
Y rhai nad ydynt bellach
Yn ddim ond enwau ar faen.

Fe welsant hwythau ddyddiau
Pan oedd y ddrama'n drist,
A'r byd heb gynnig iddynt
Undim o werth o'i gist;
Llafurio hwyr a bore
I aredig tywod sych
Heb wobr ym mhen y dalar
Ond blinder a mynych nych.

Fe welsant hwythau ryfel
Yn hawlio'u meibion ffraeth,
A'u colli fel yr hogiau
Na ddaethant o Gatraeth:
Fe welsant briddo gobaith
Yn chwerw dreialon ddoe,
A thaeru ei bod yn ddiau
Yn ddiwedd ar y sioe.

. . .

Ni ddaeth yn ddiwedd eto
Er pob darogan lleddf,
Blaguro mae fy ngobaith
Heddiw wrth raid fy ngreddf:
Erys rhyfeddol gylchdro
Einioes, heb ei nacáu,
Fel pe bai Rhywun mwy na ni
Yn mynnu i'r sioe barhau.